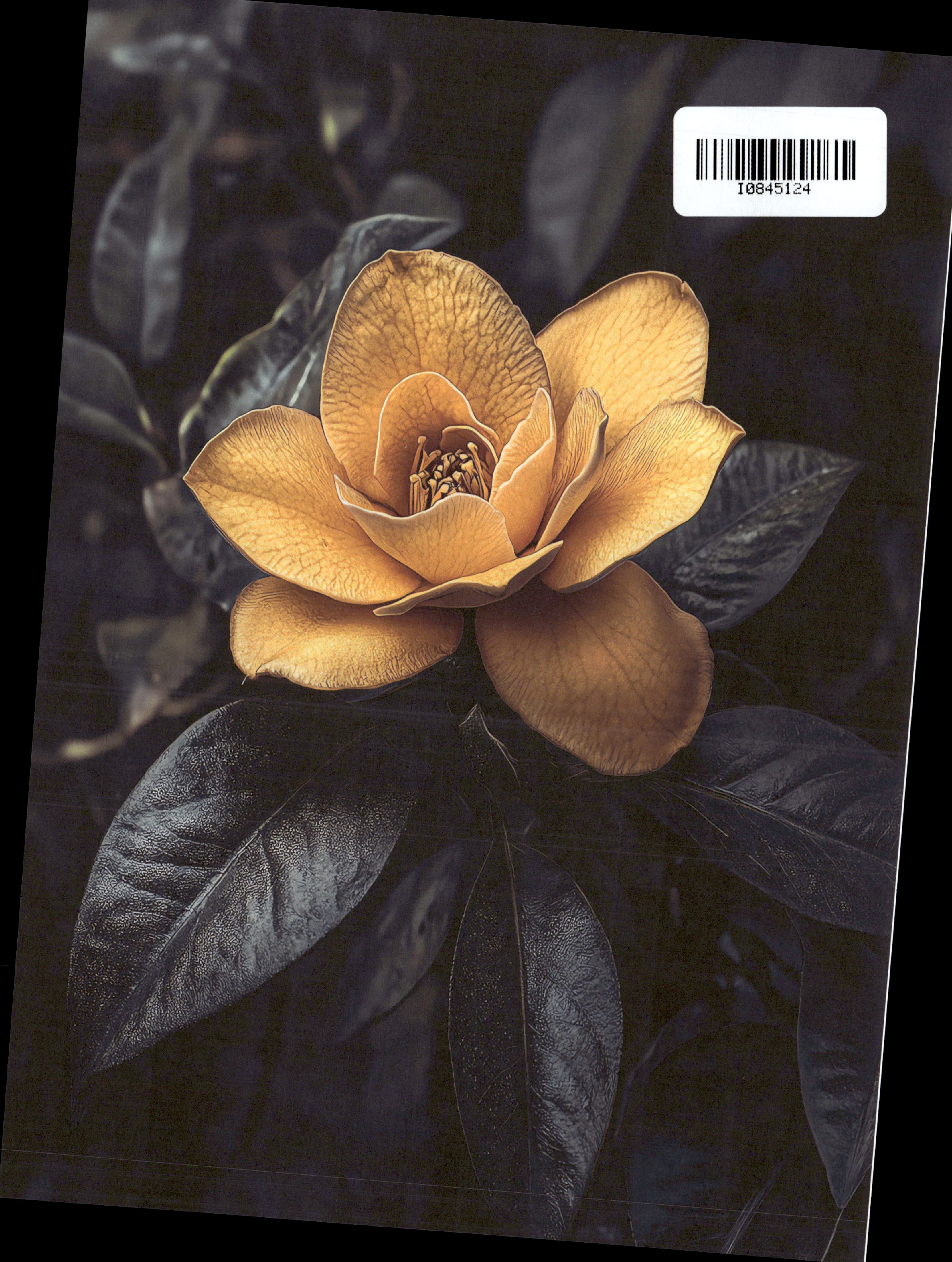
I0845124

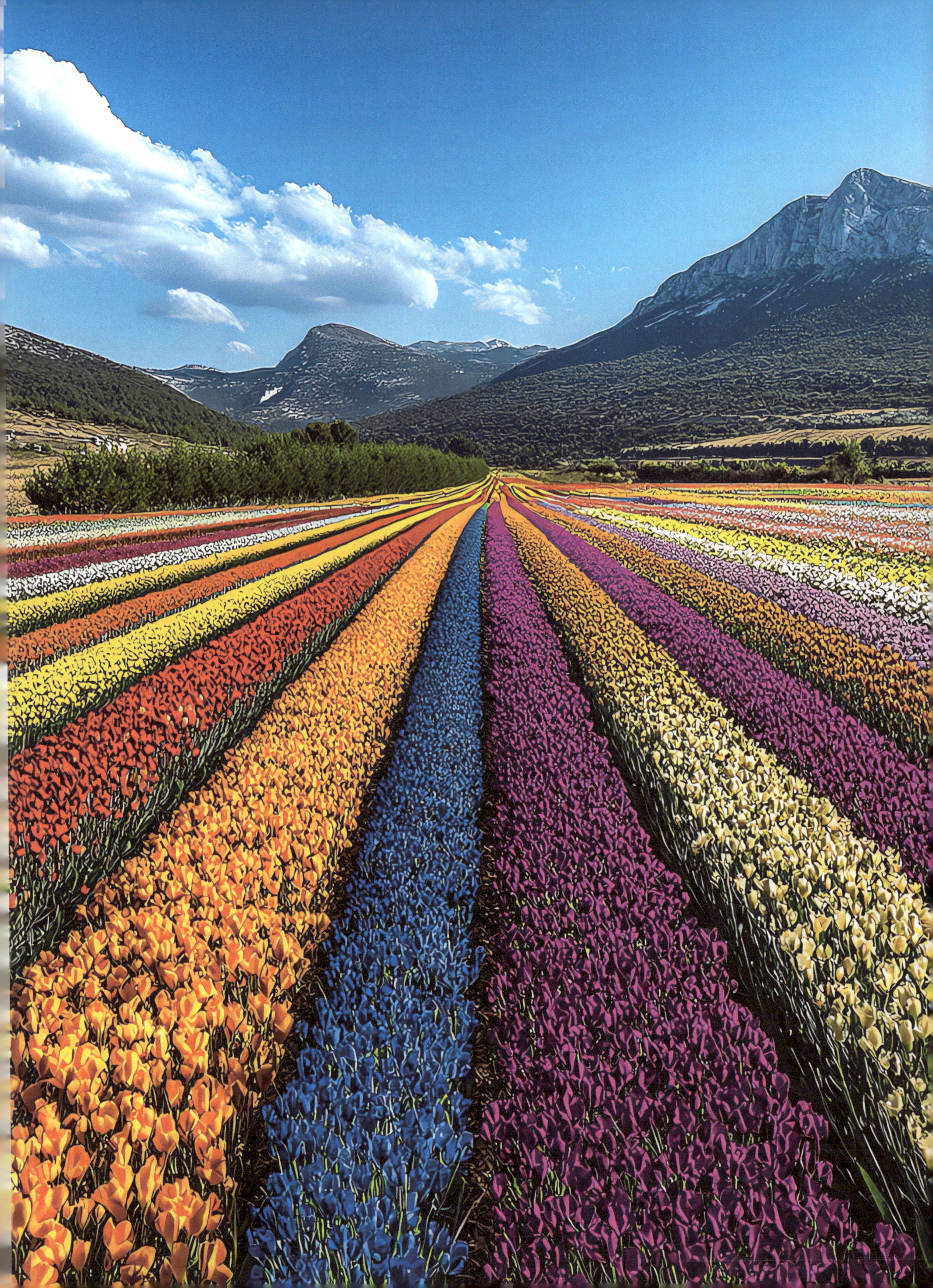

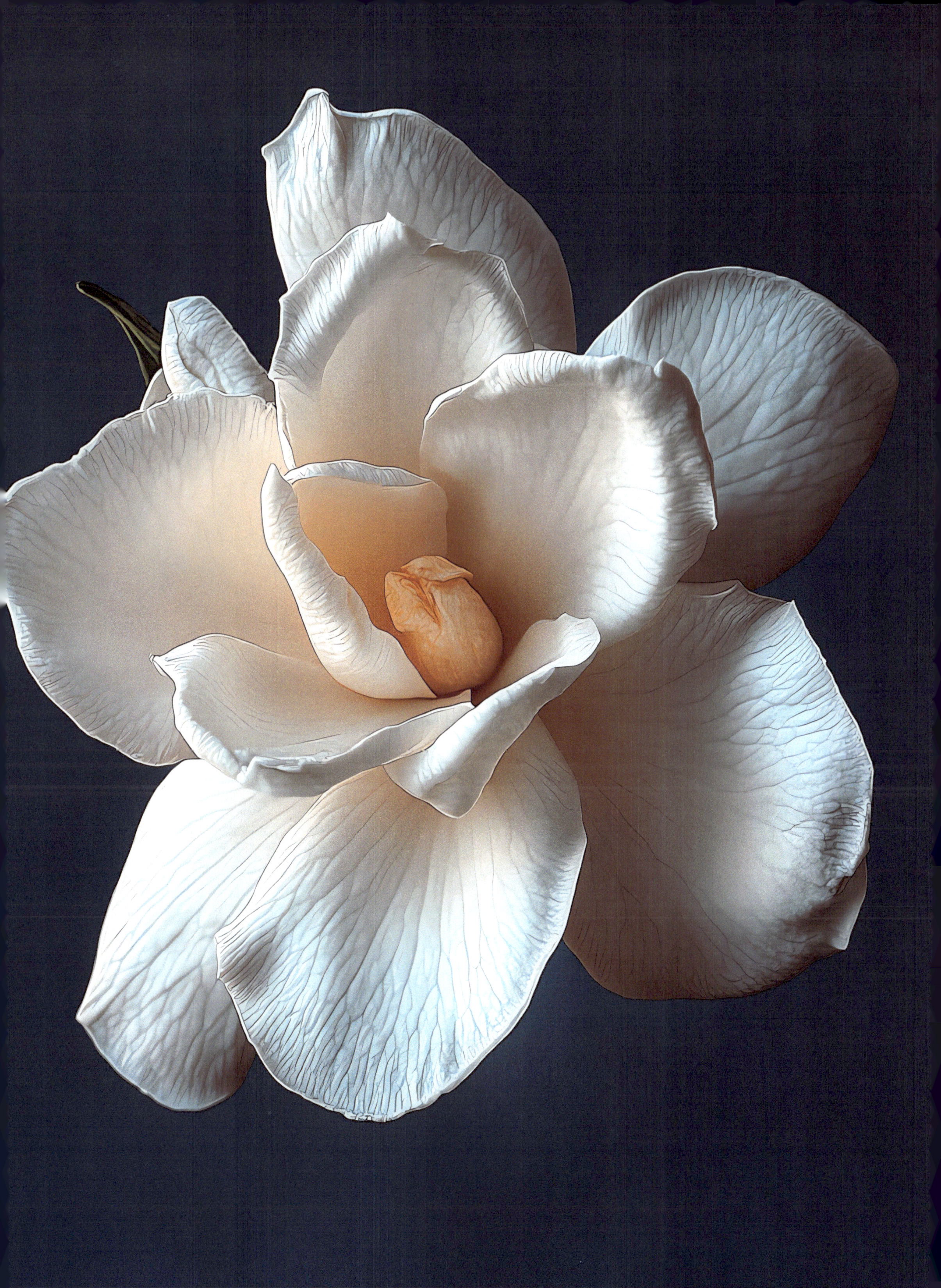

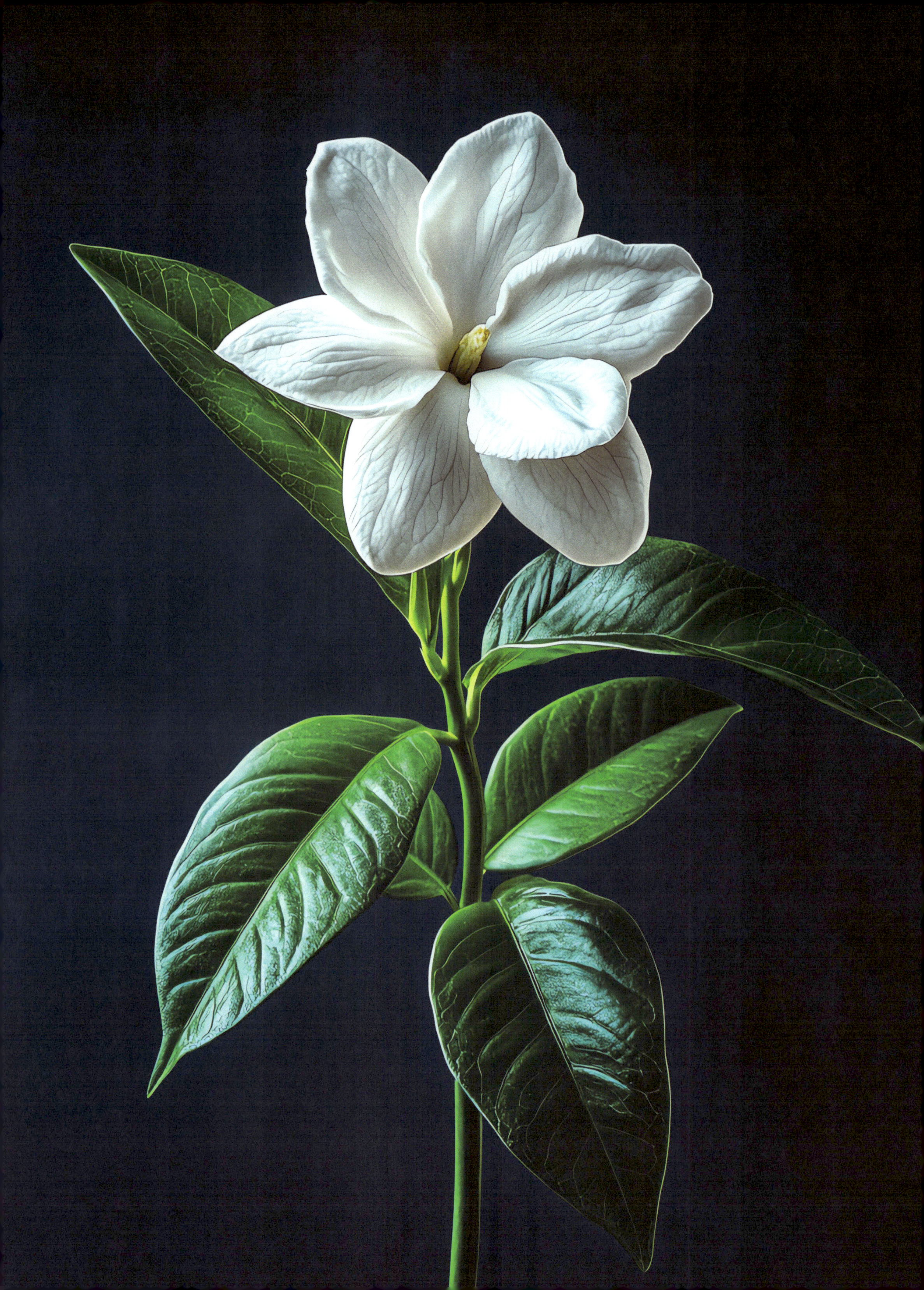

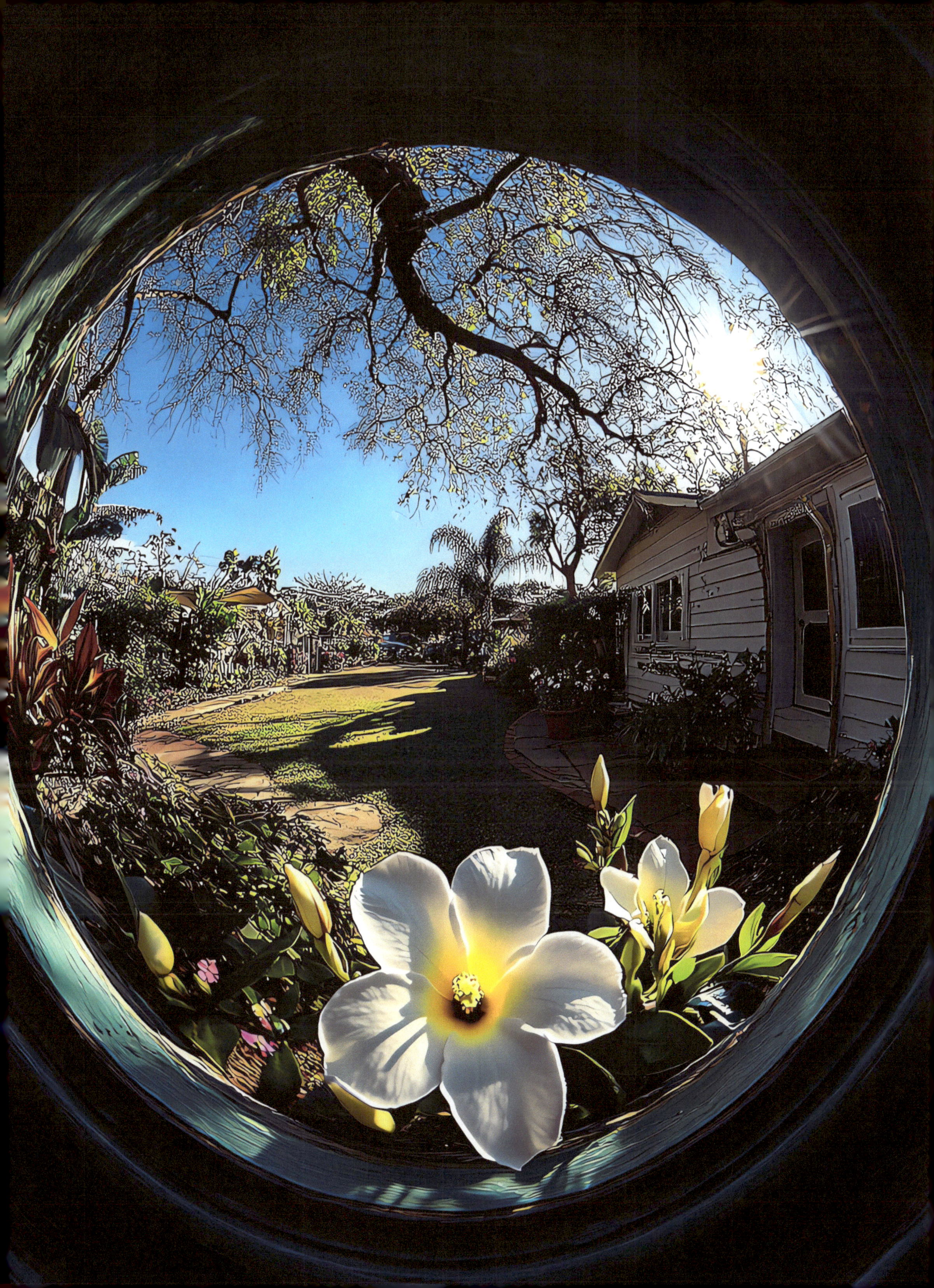

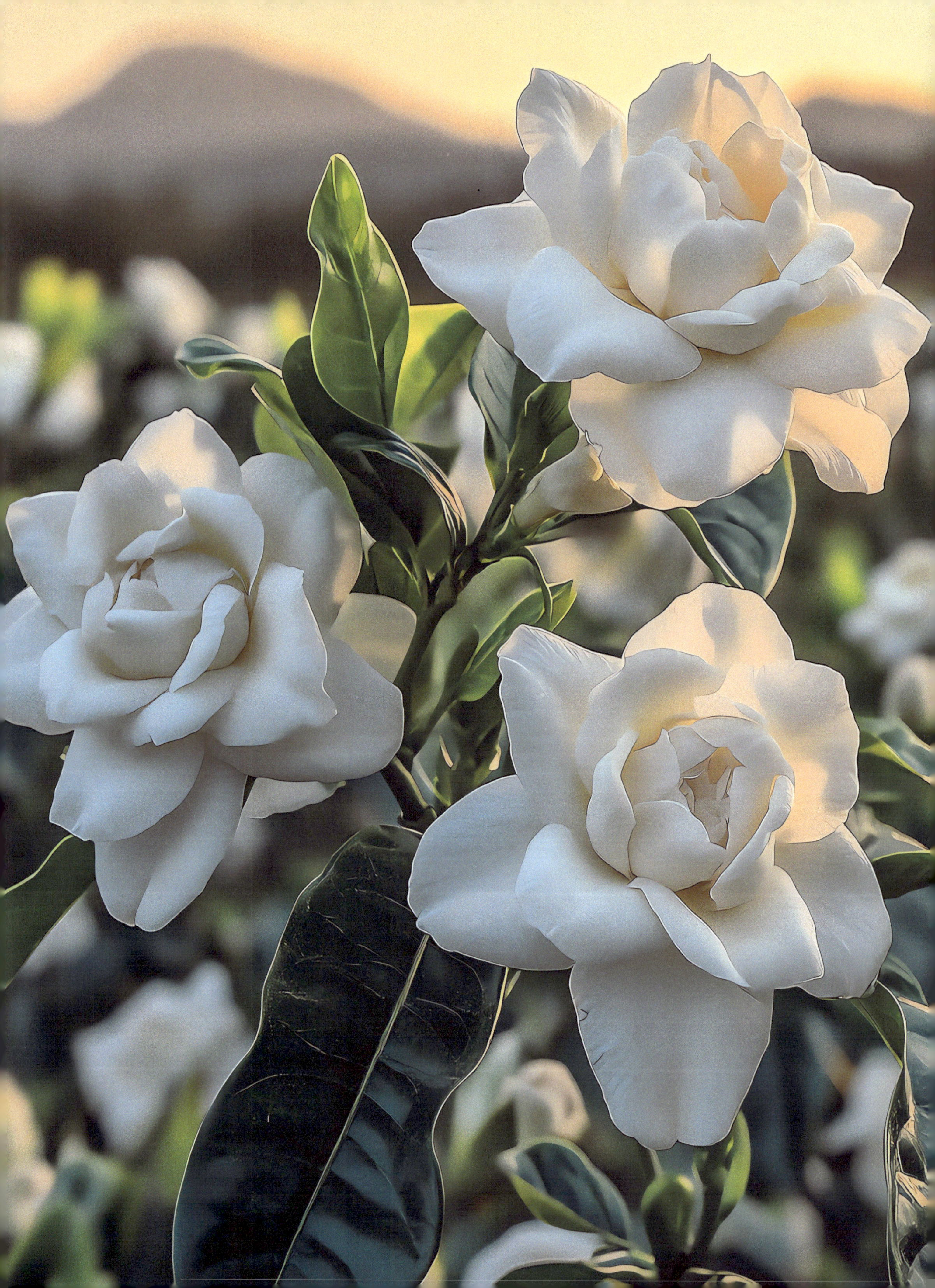

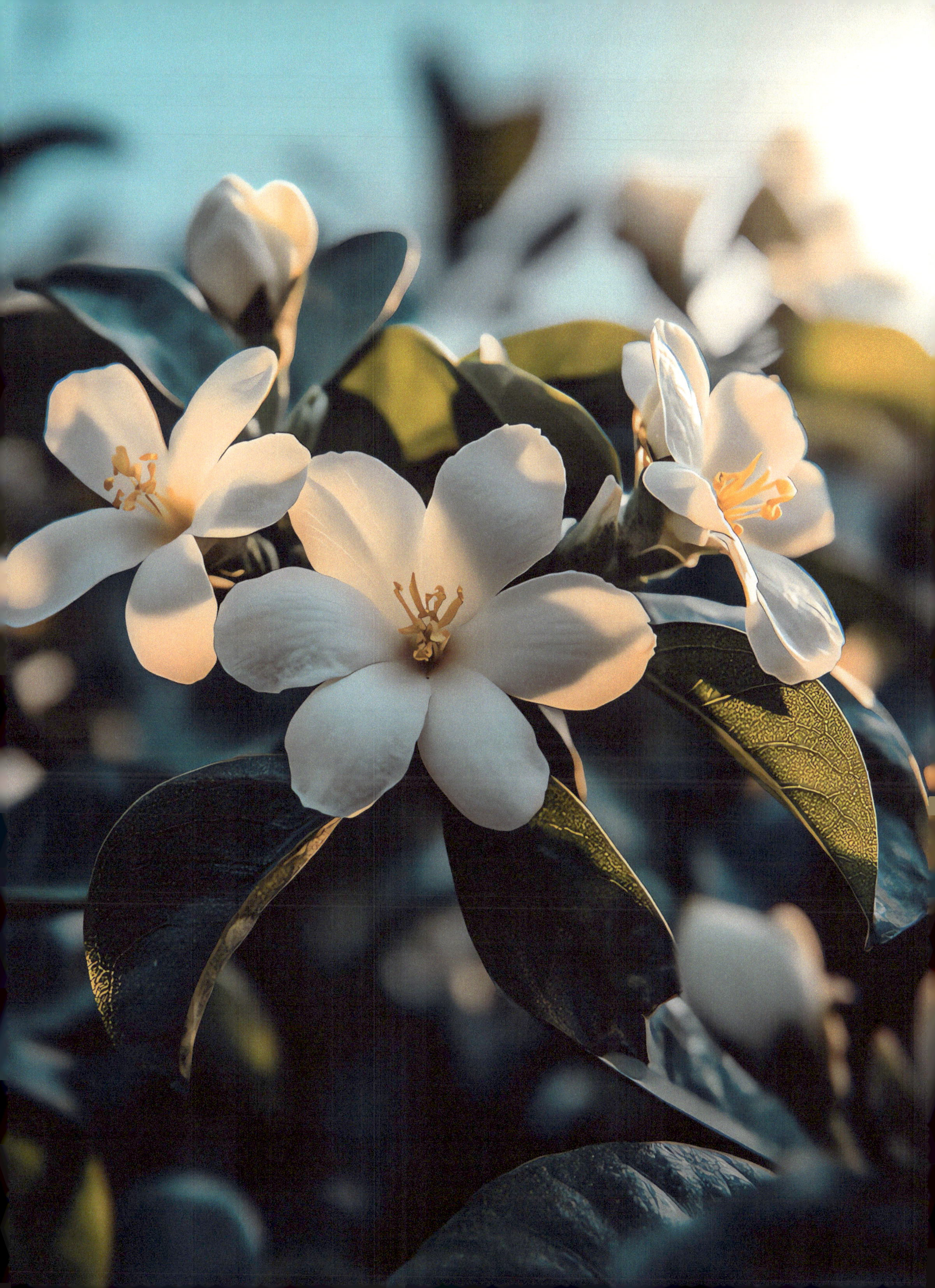

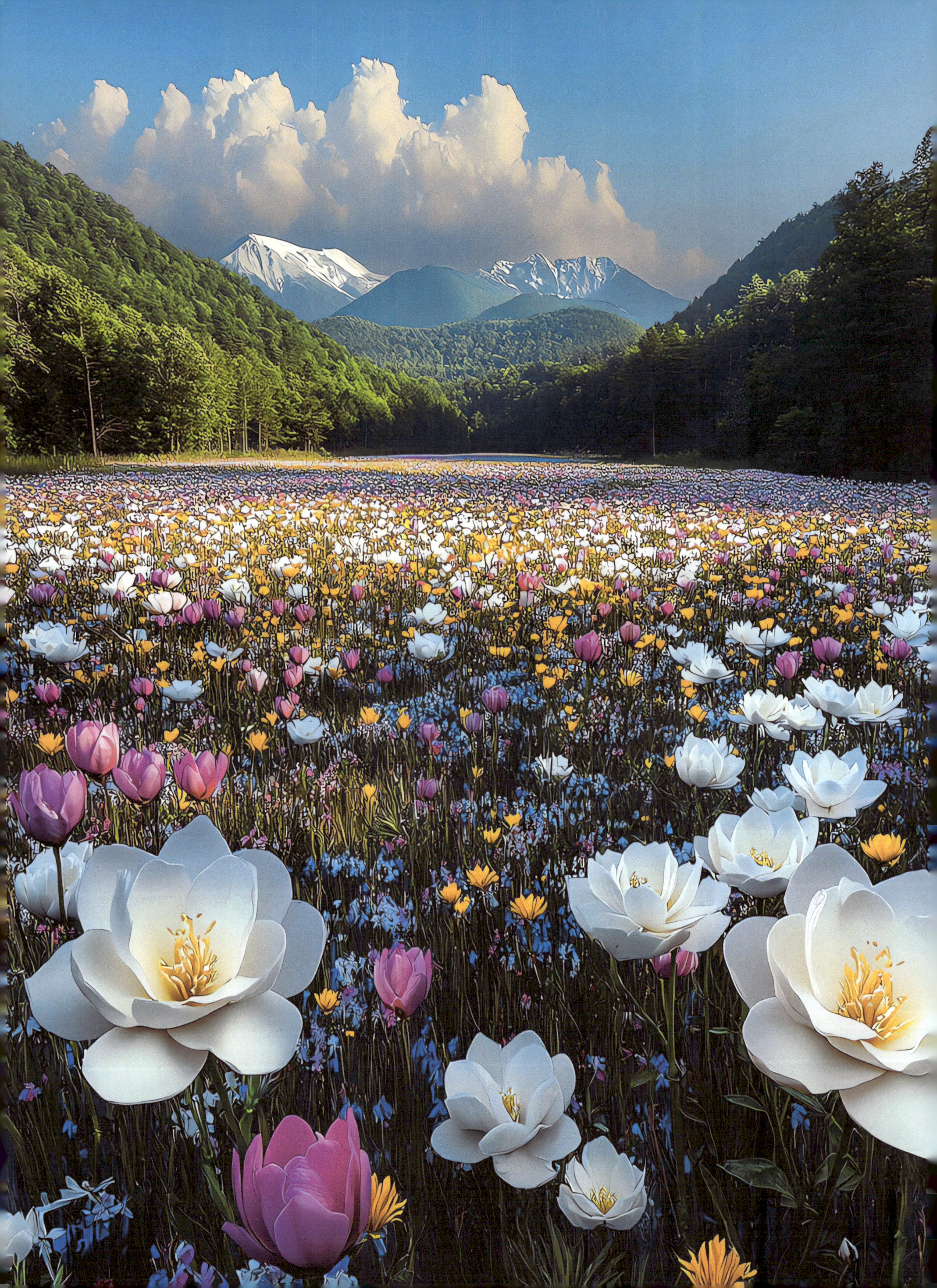

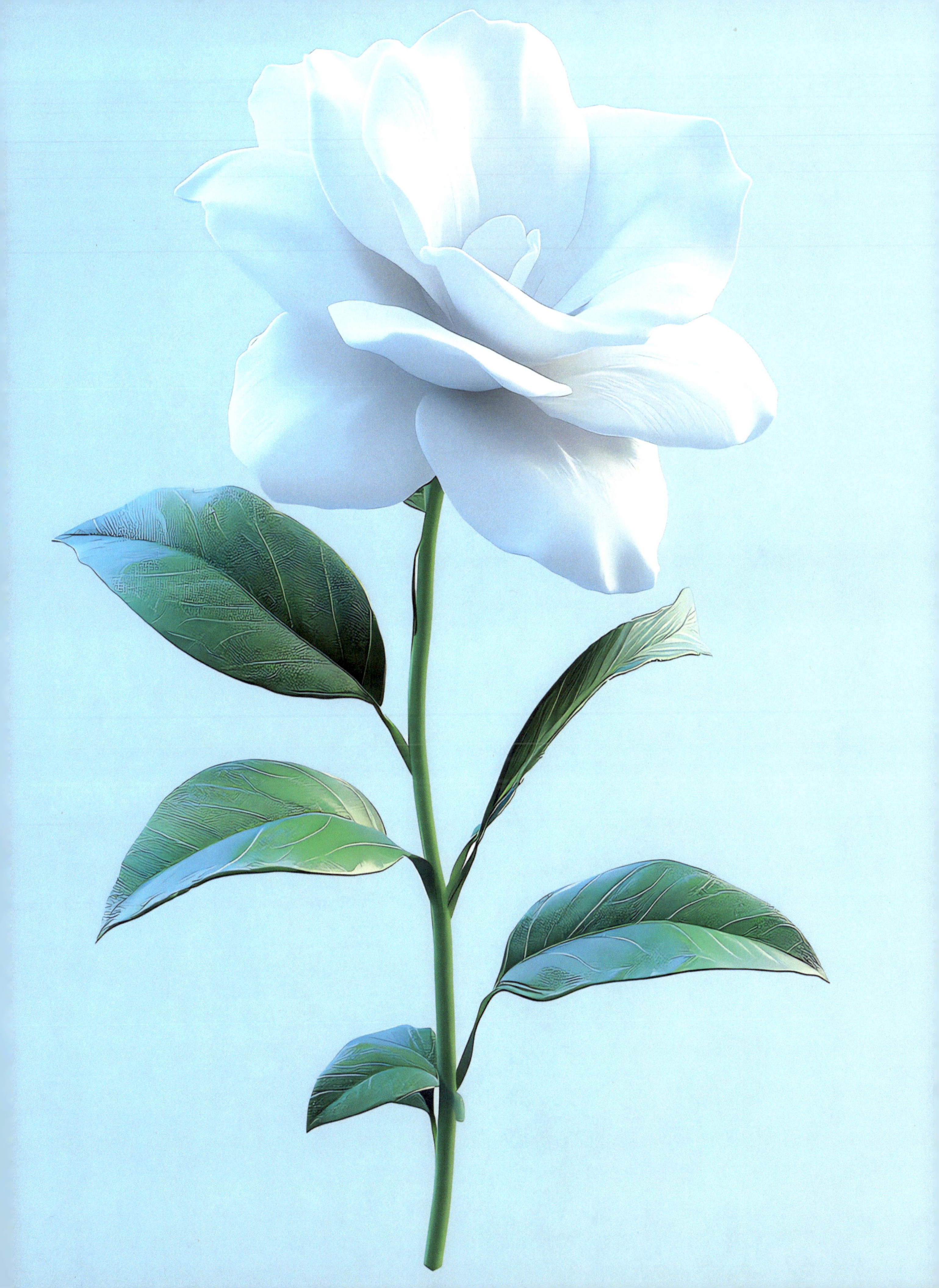

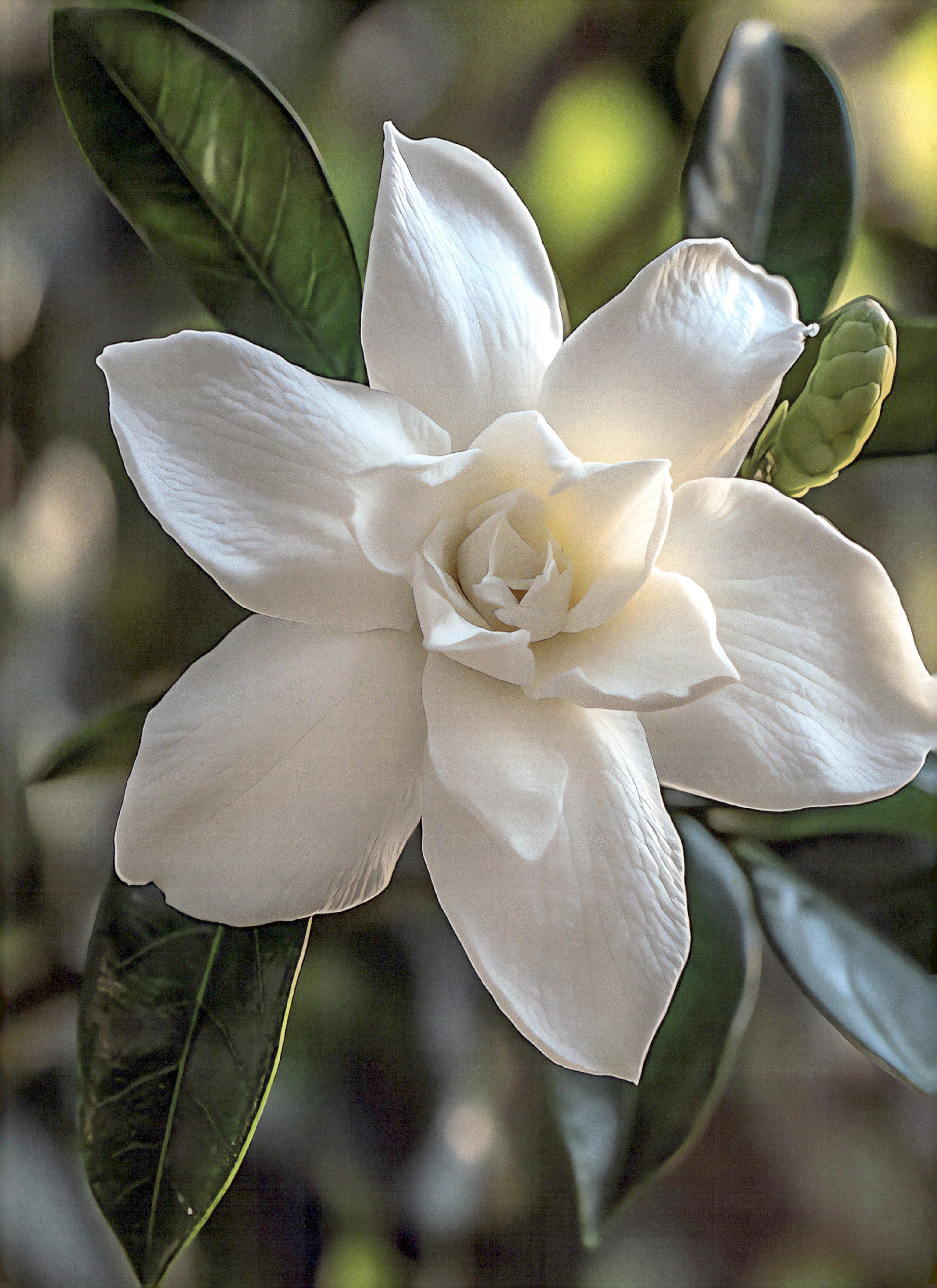

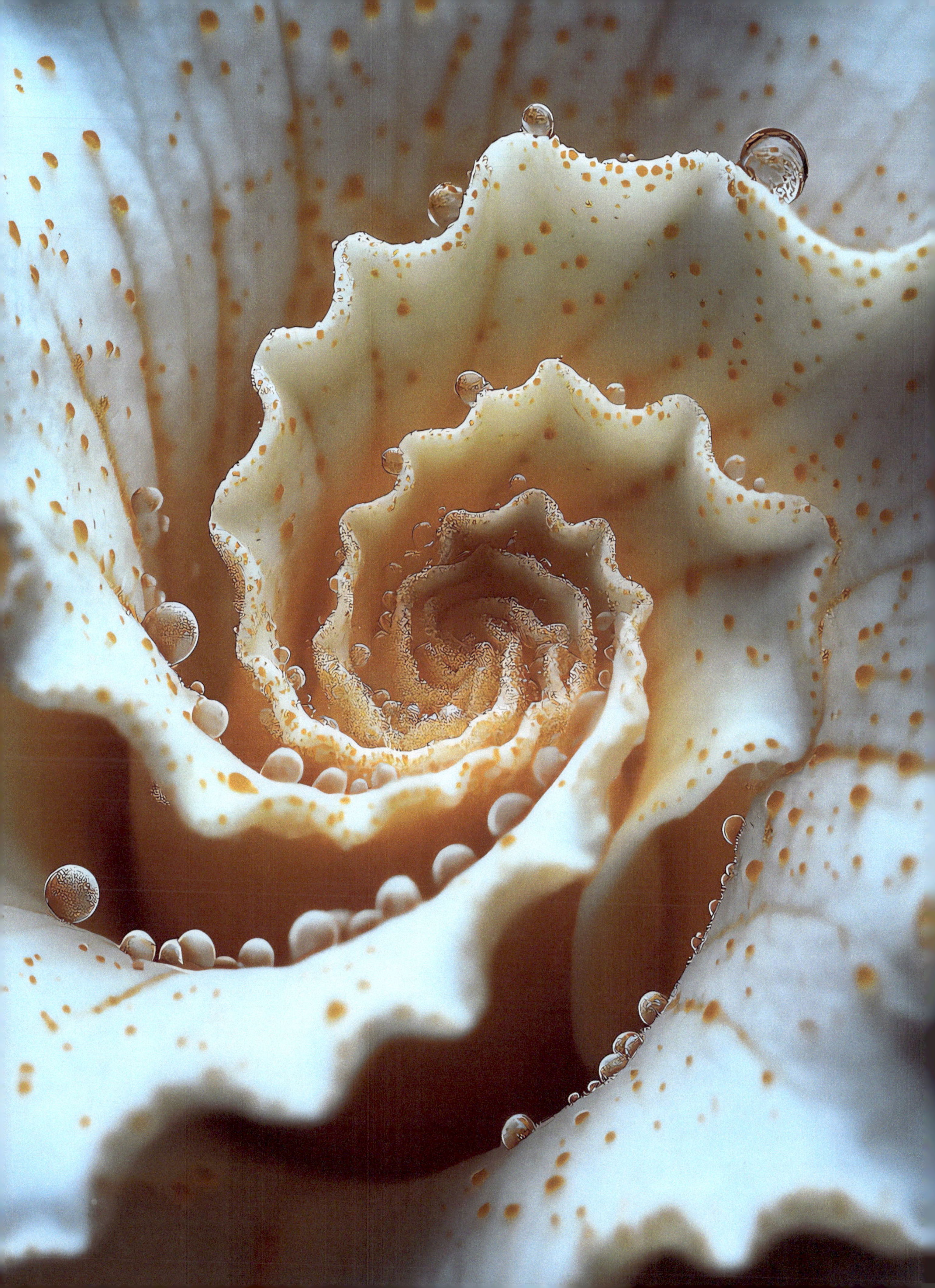

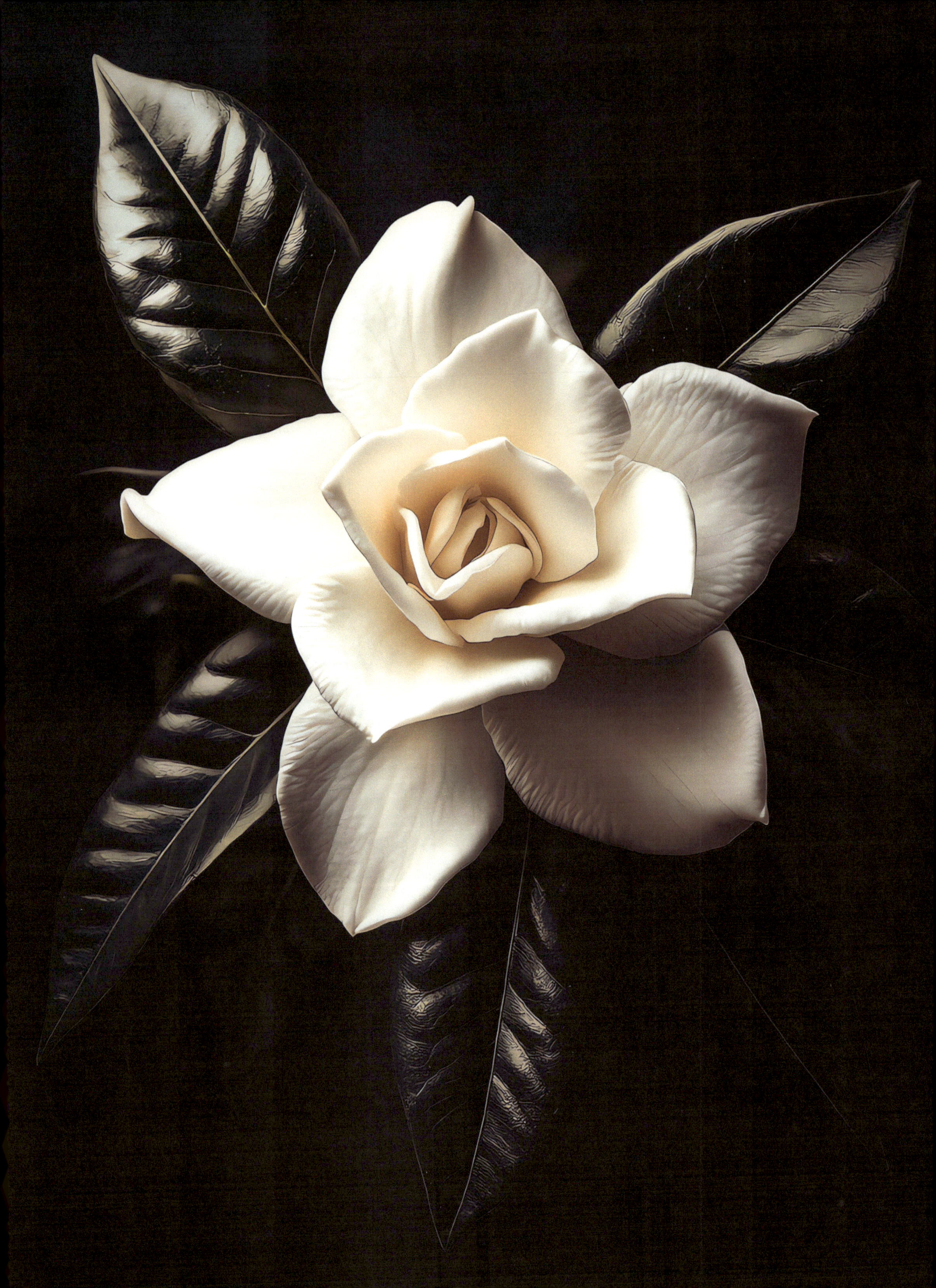

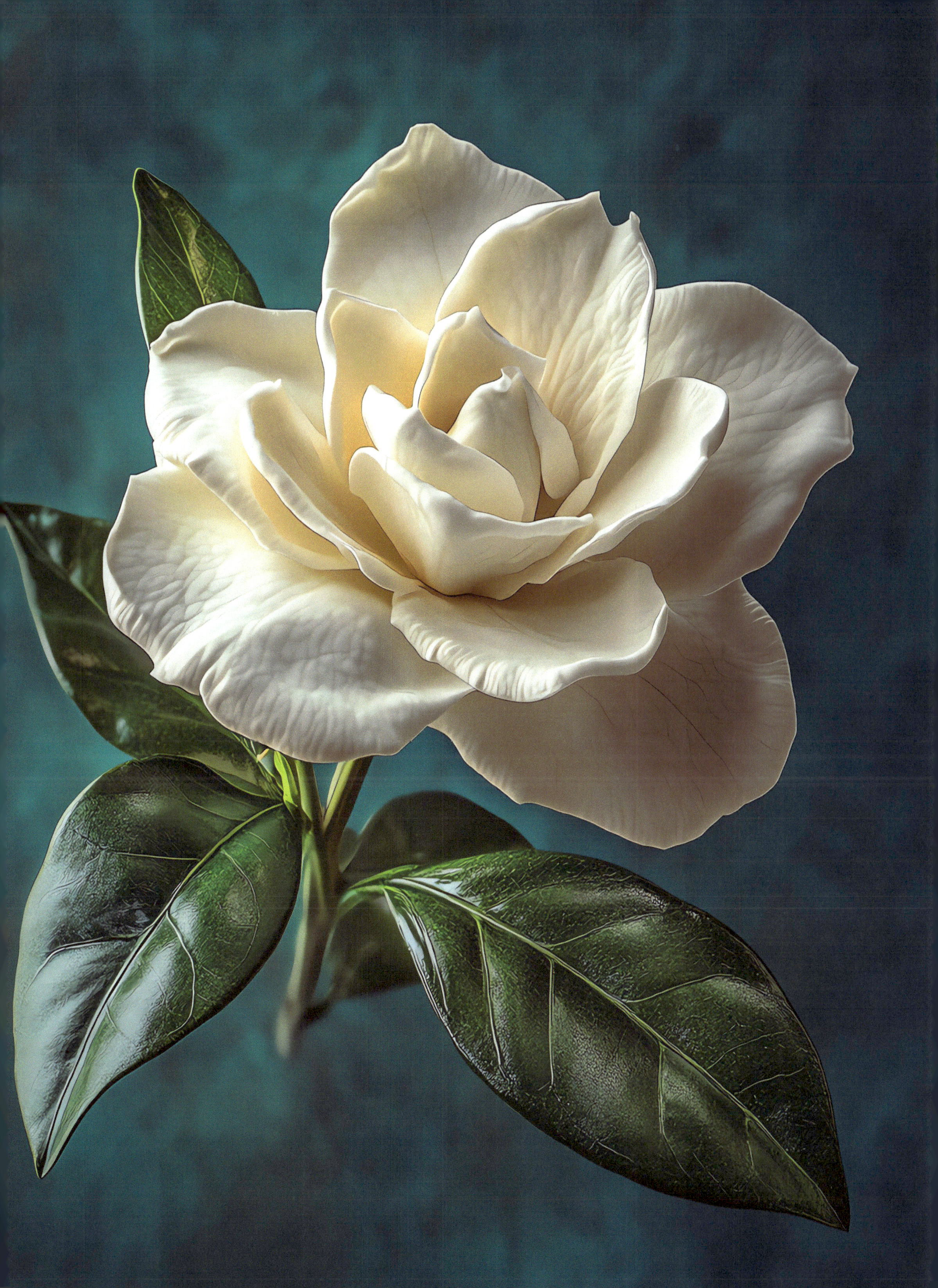

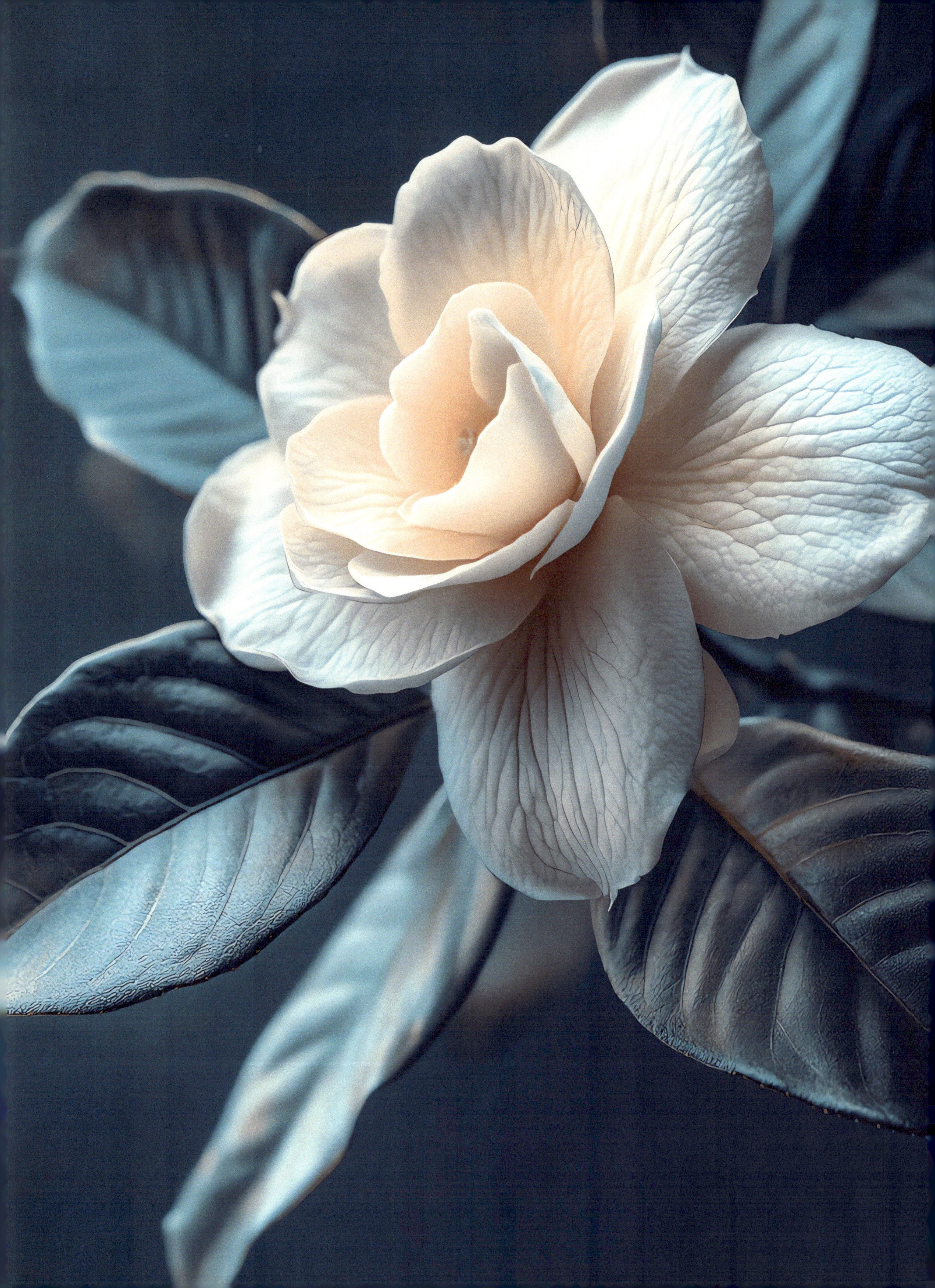

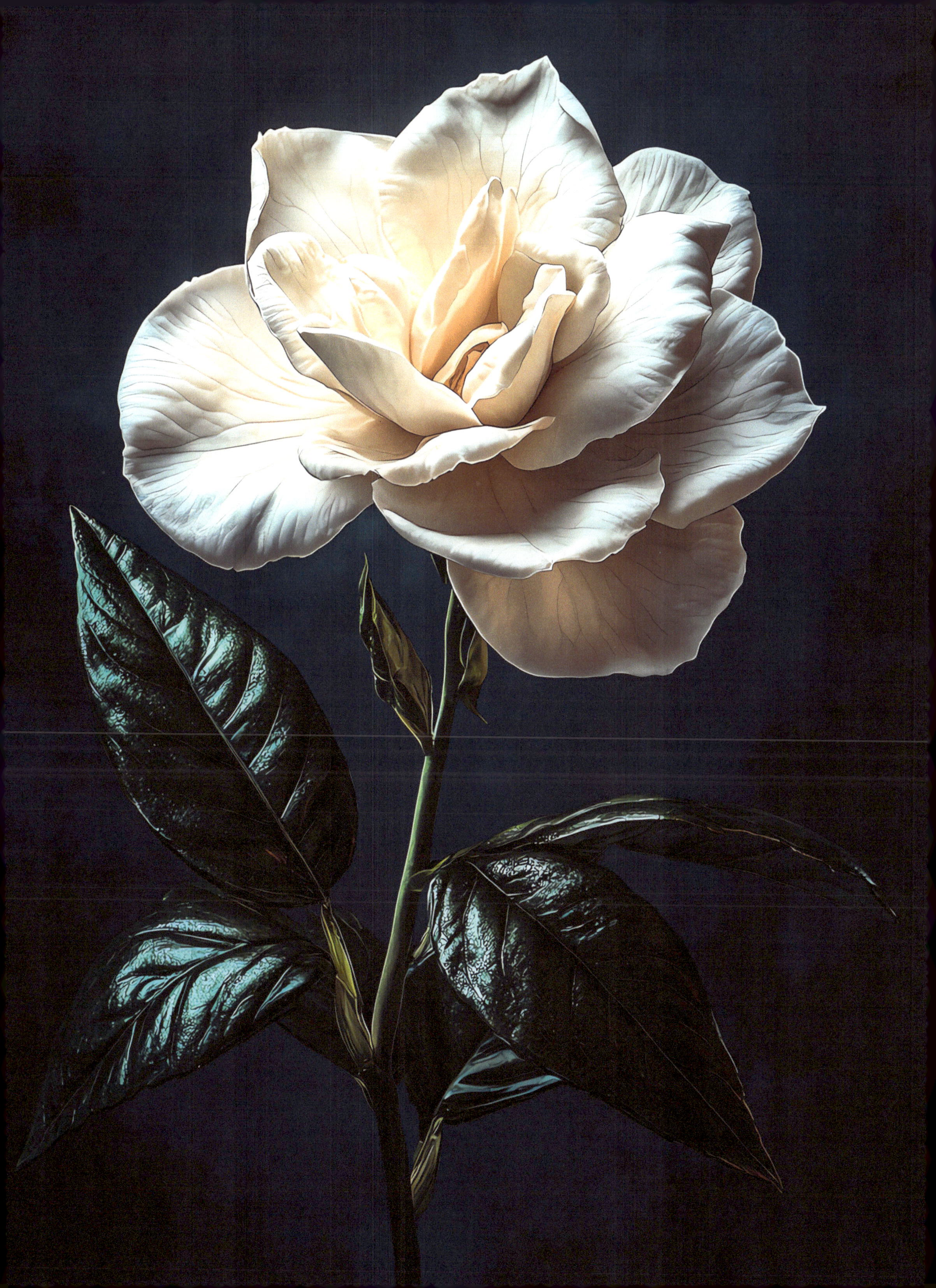

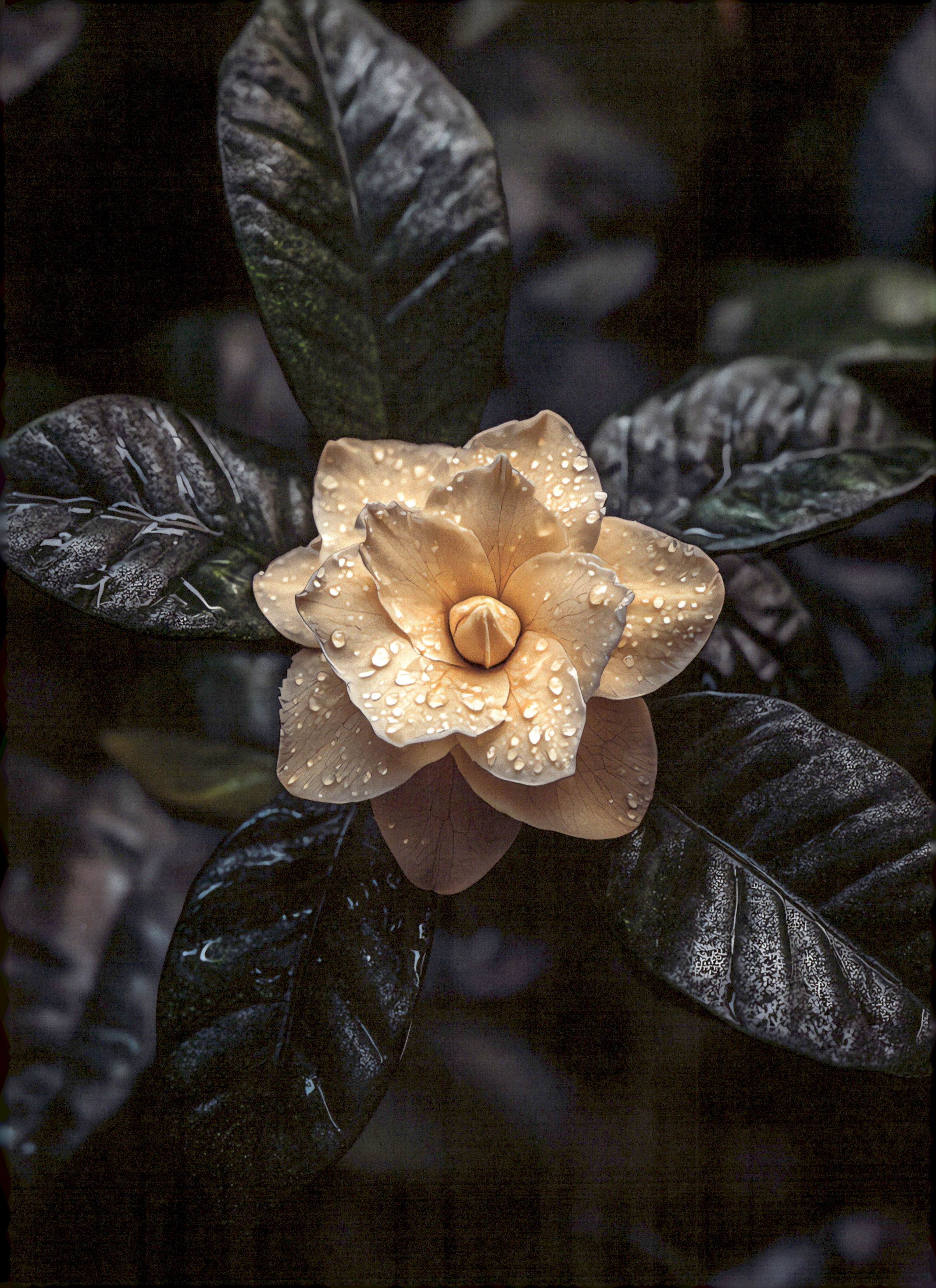

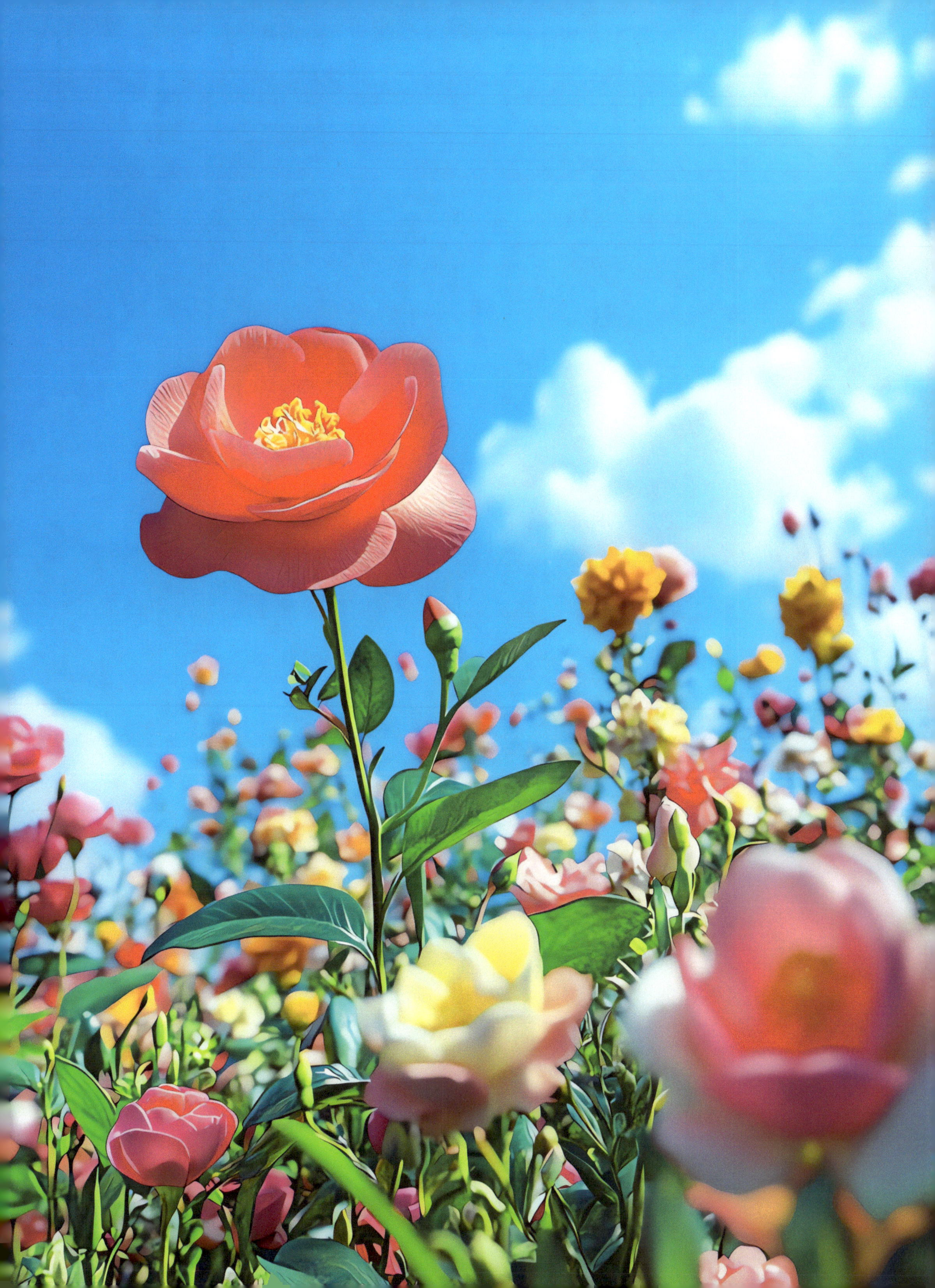

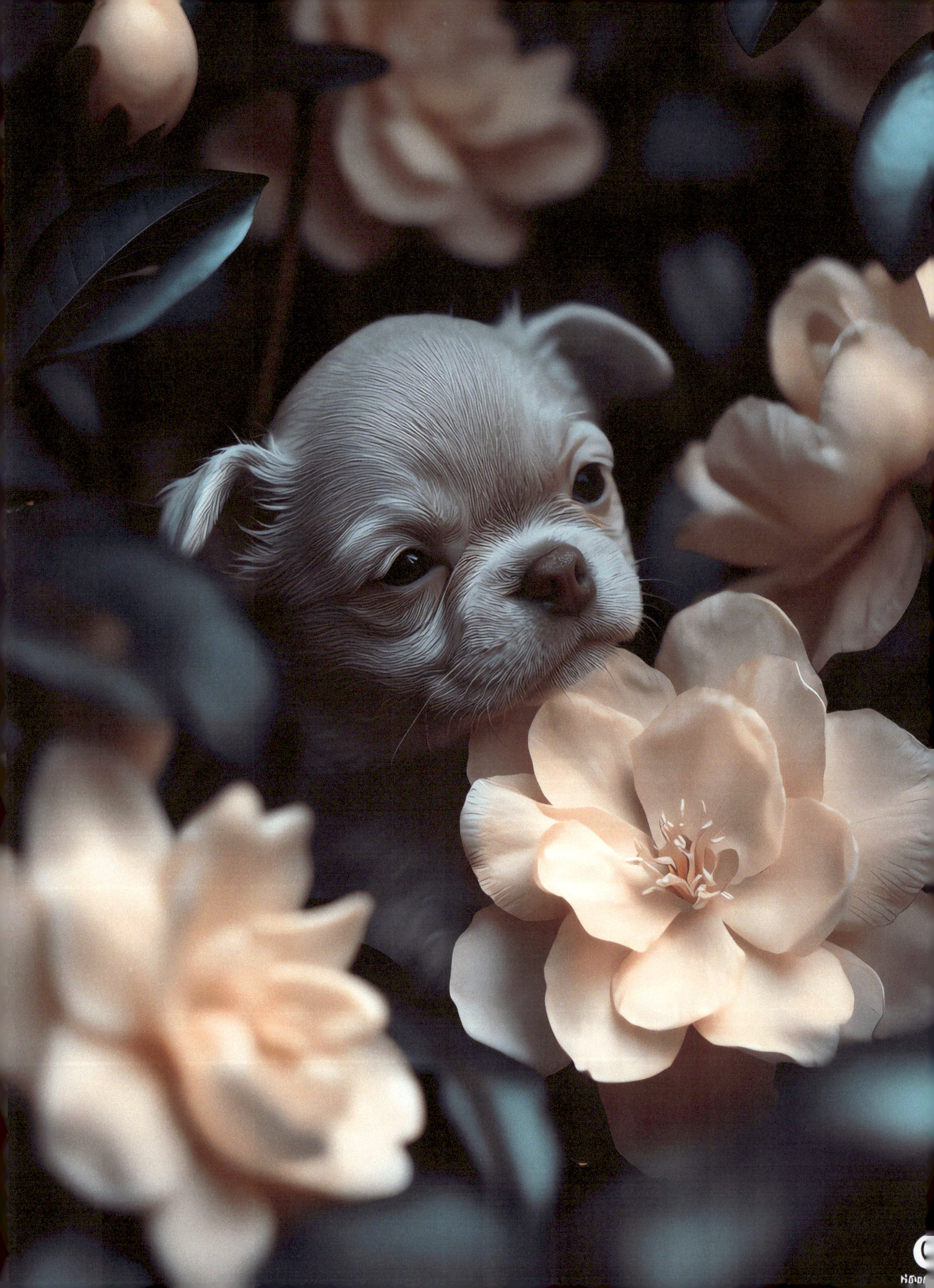

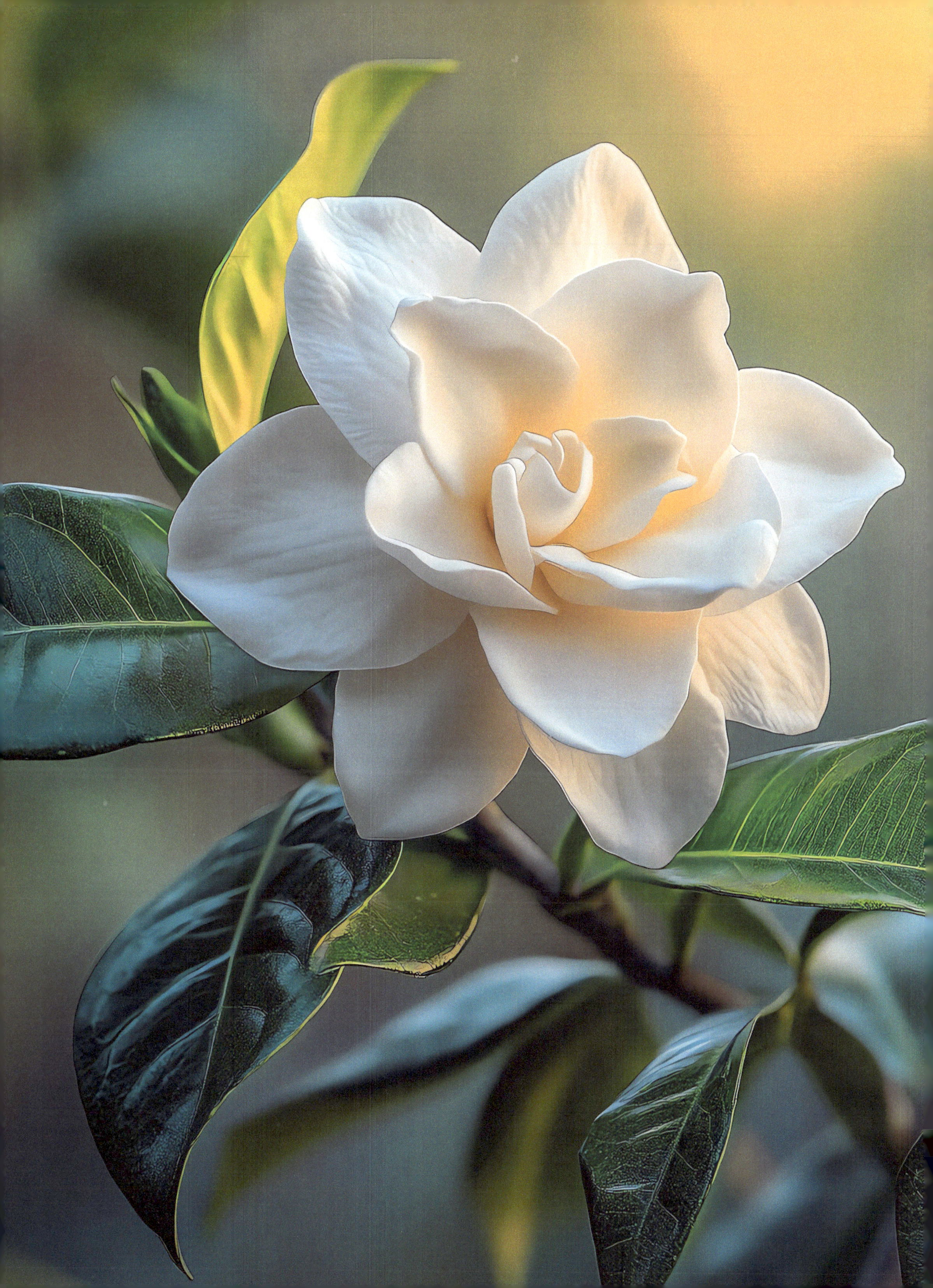

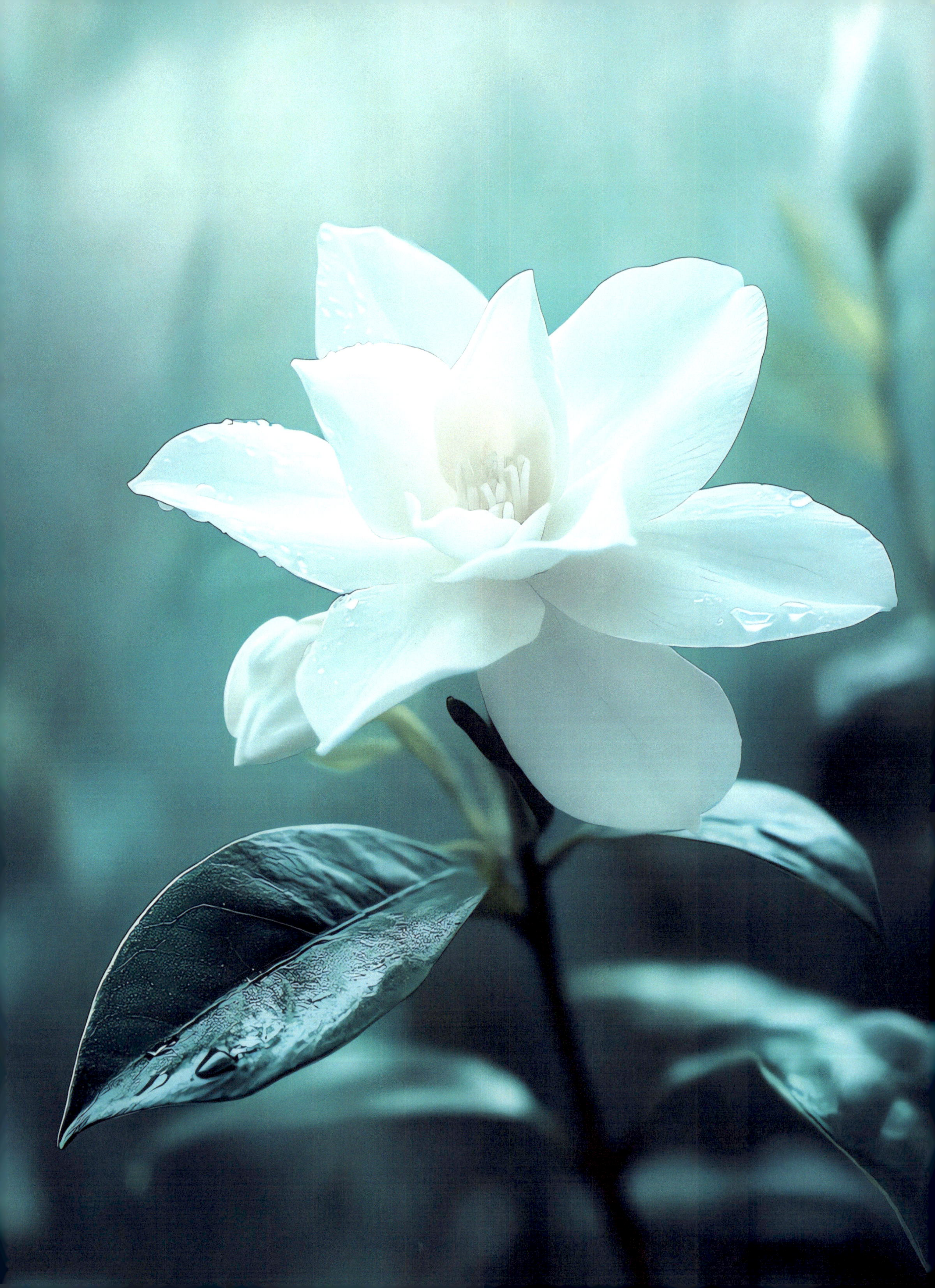

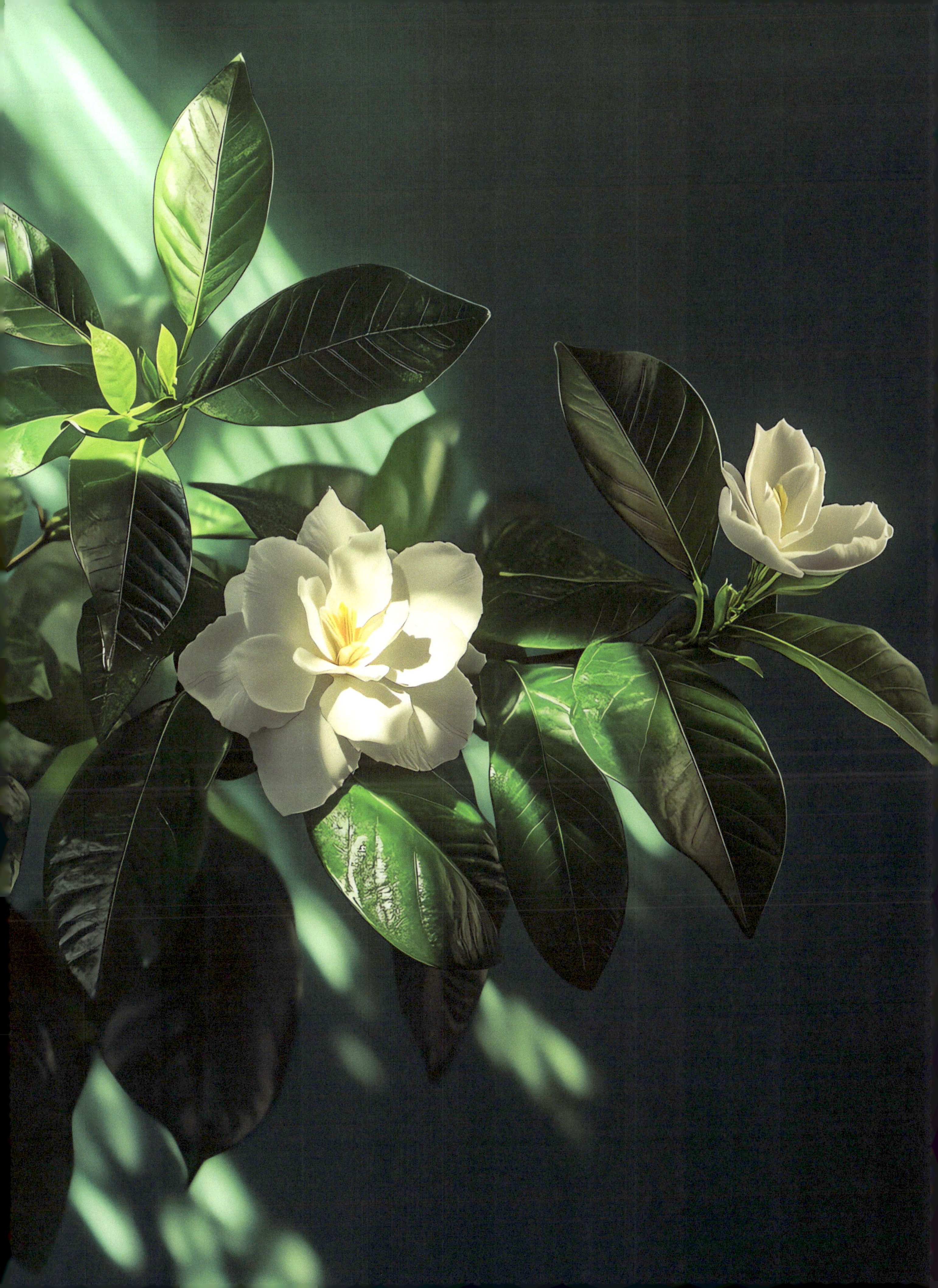

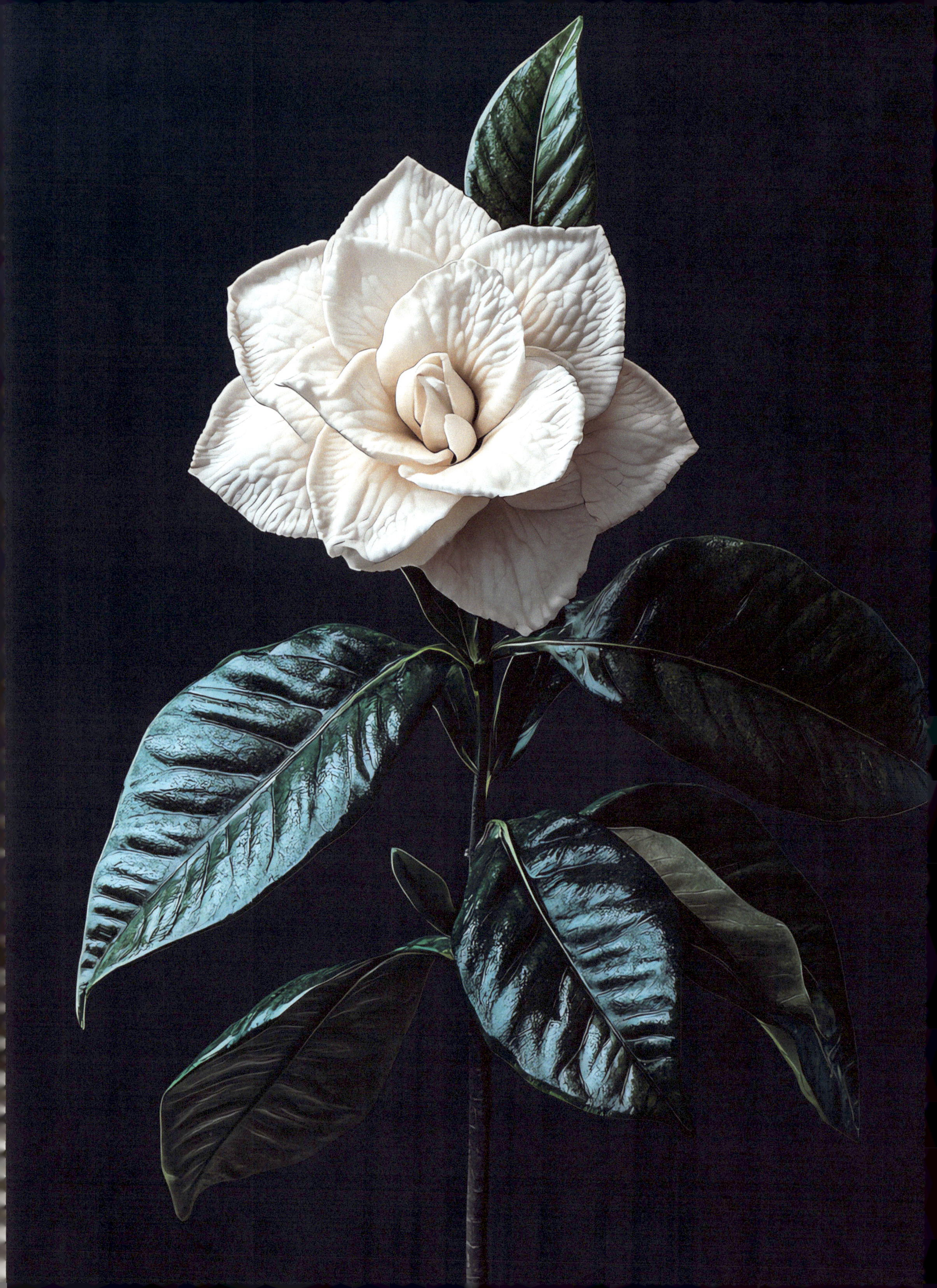

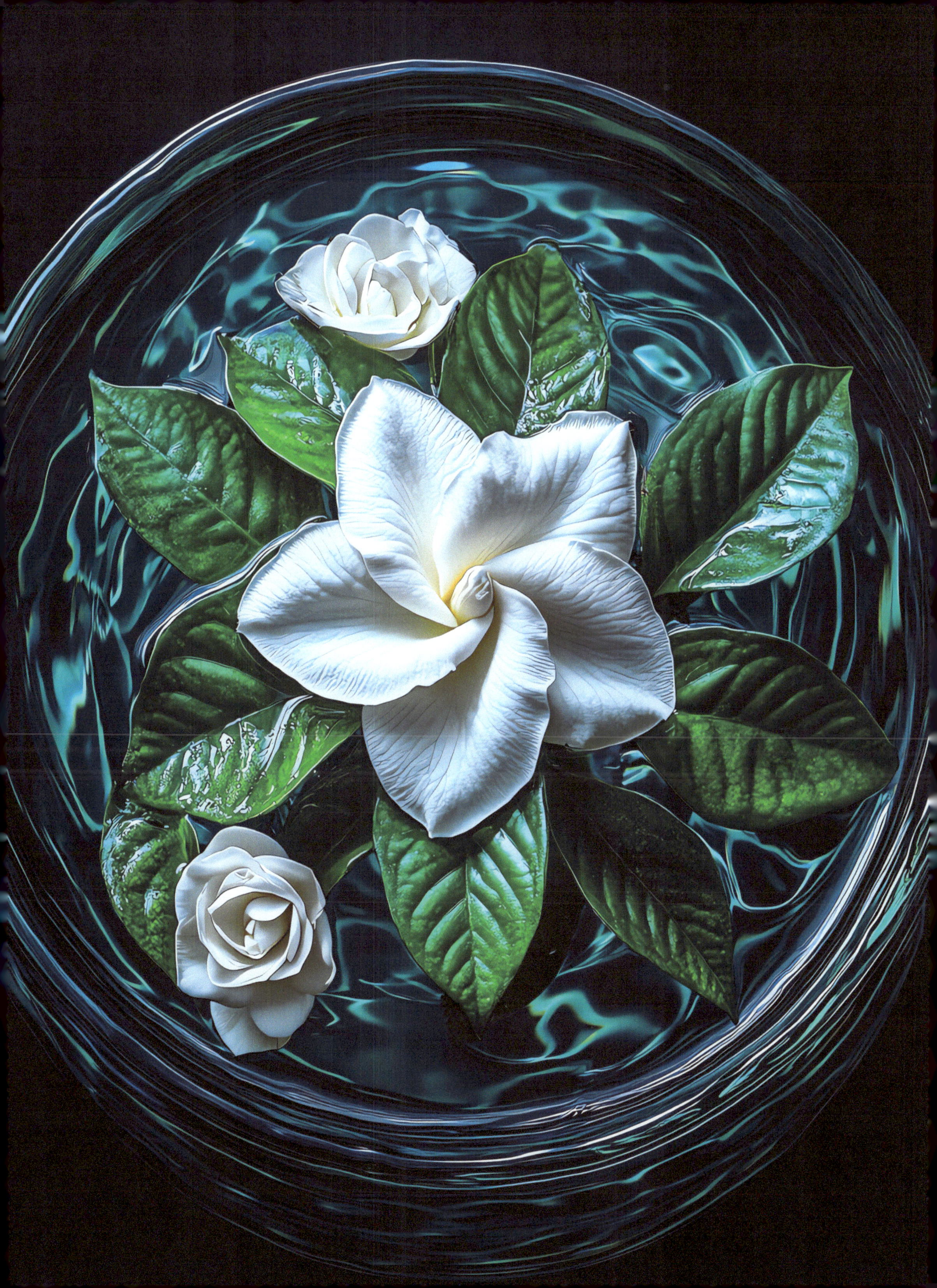

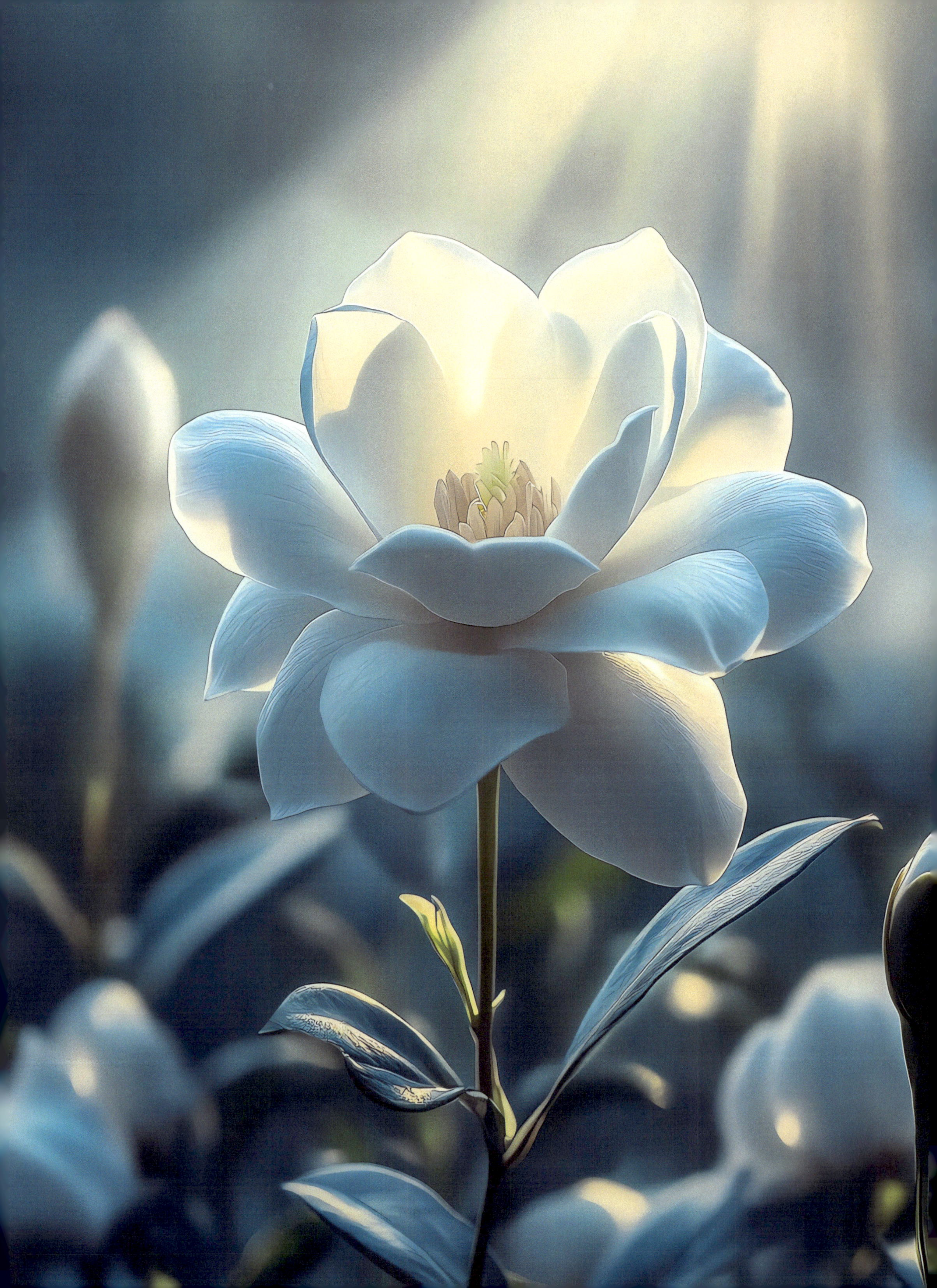

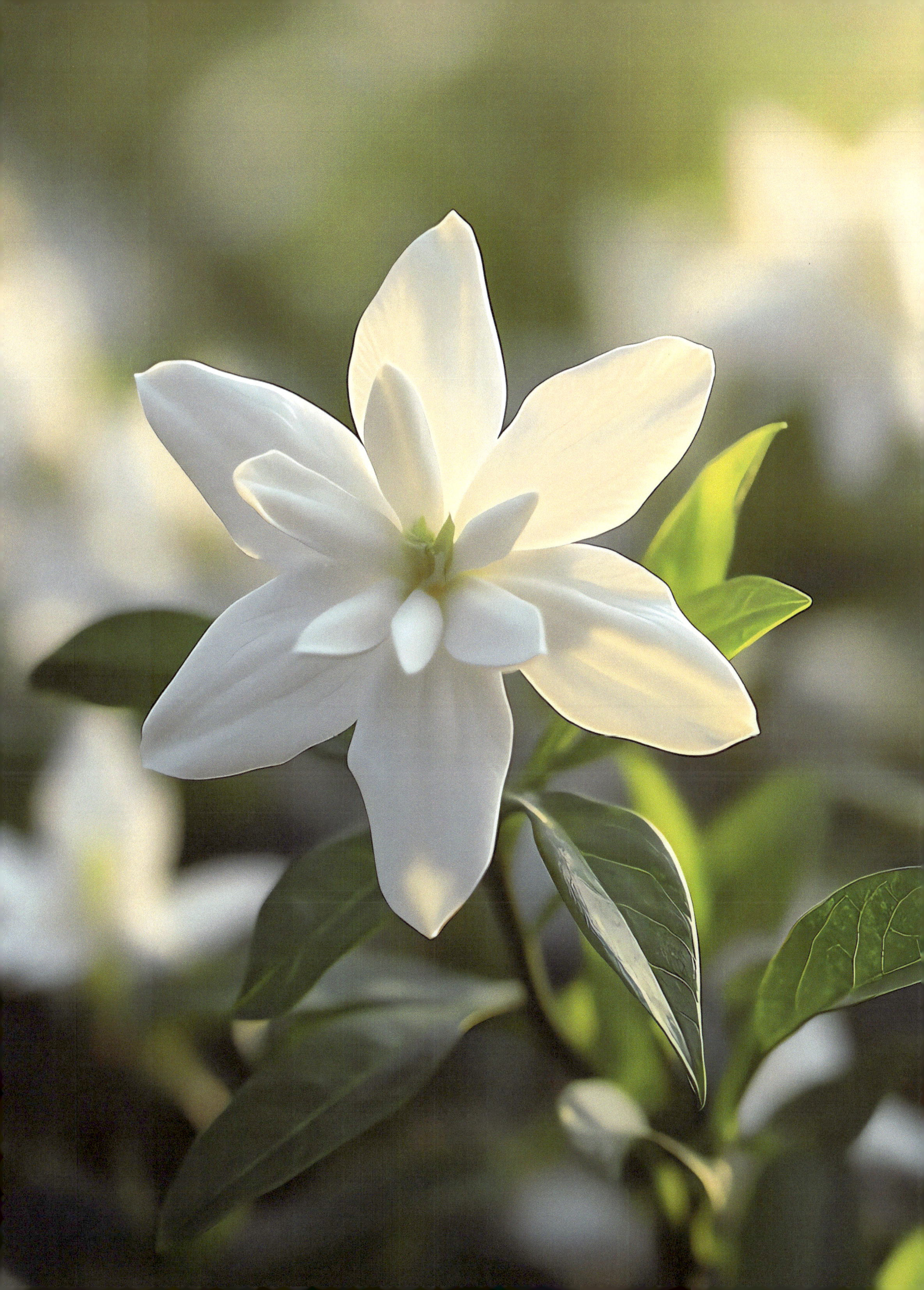

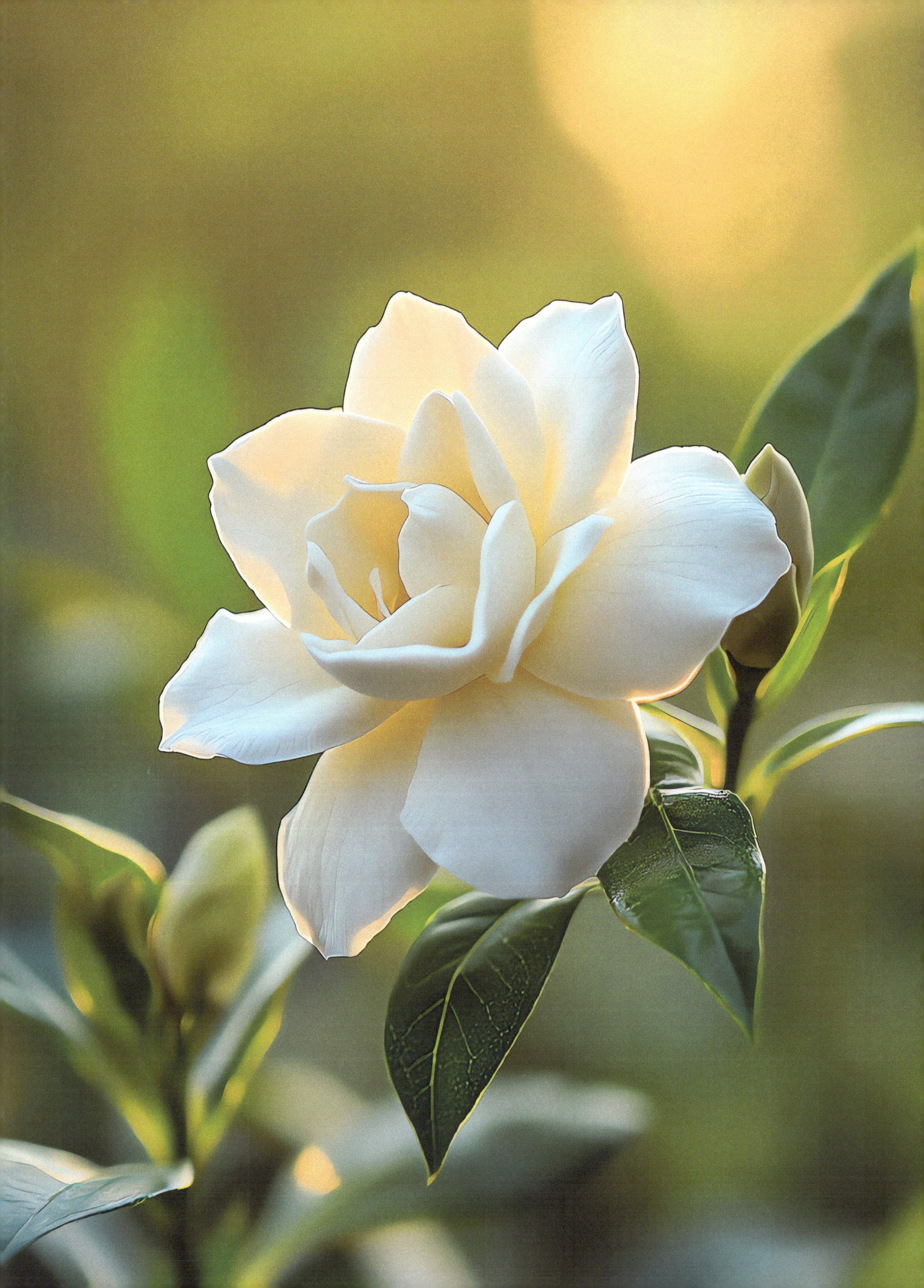

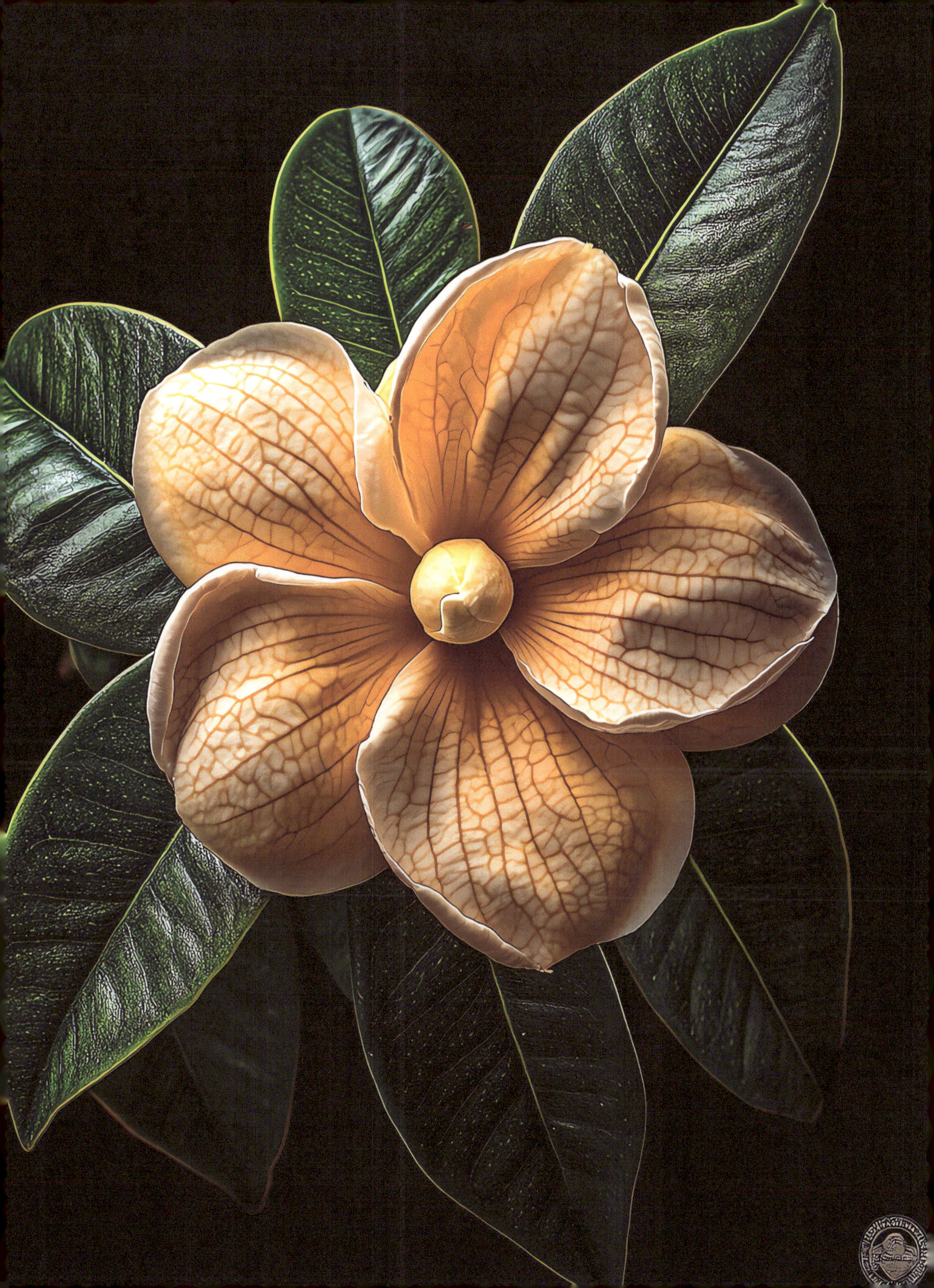

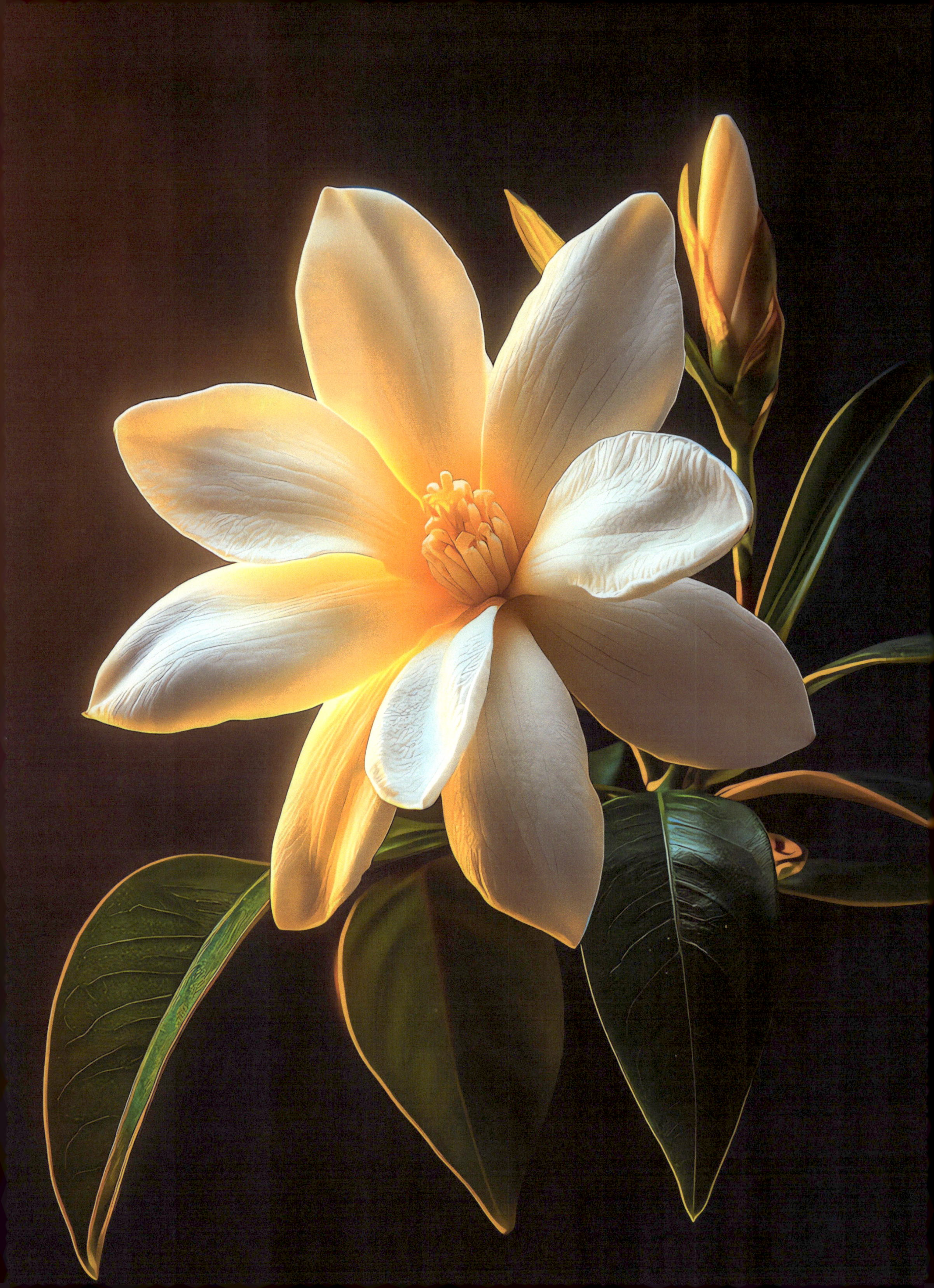

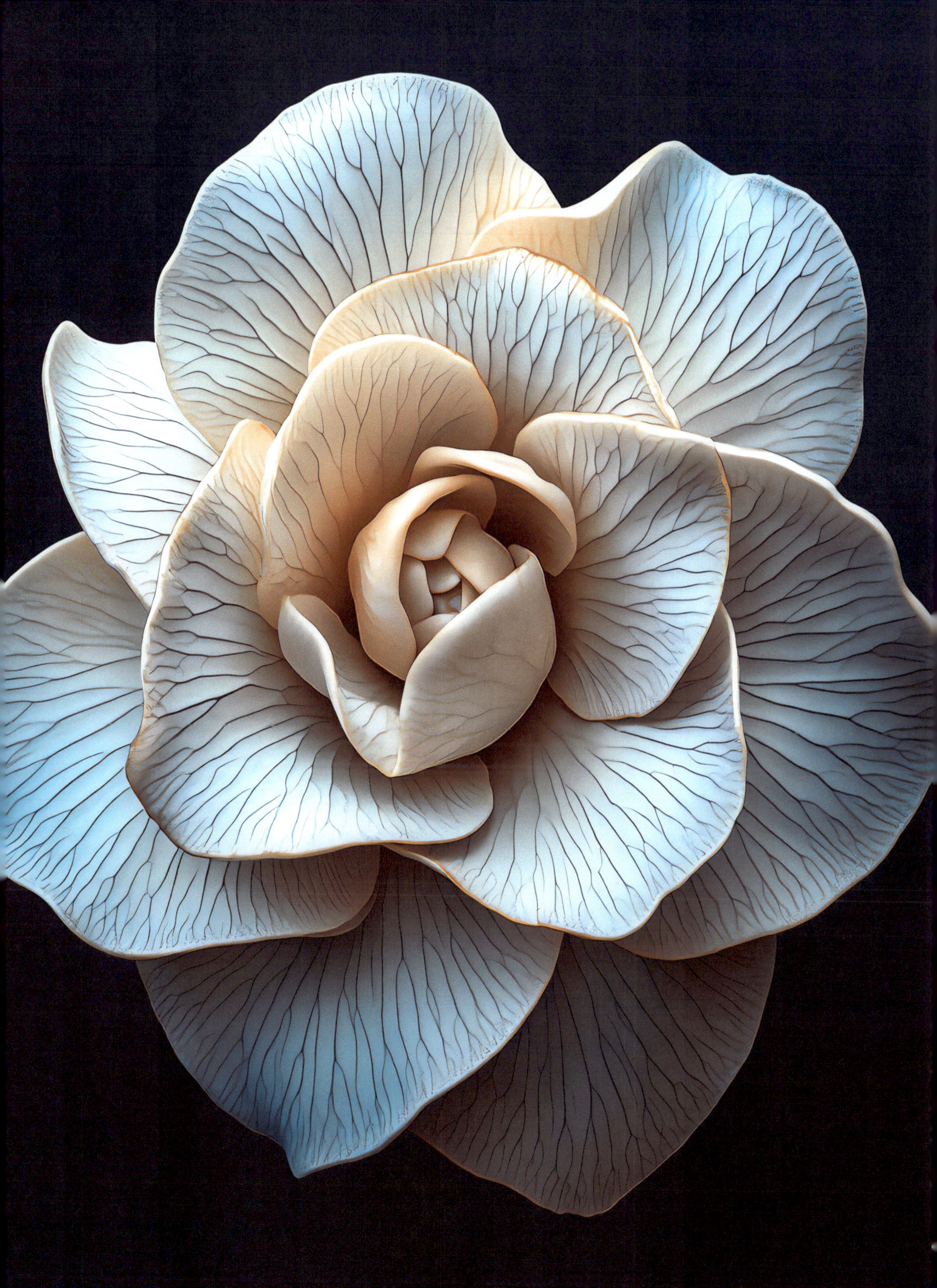

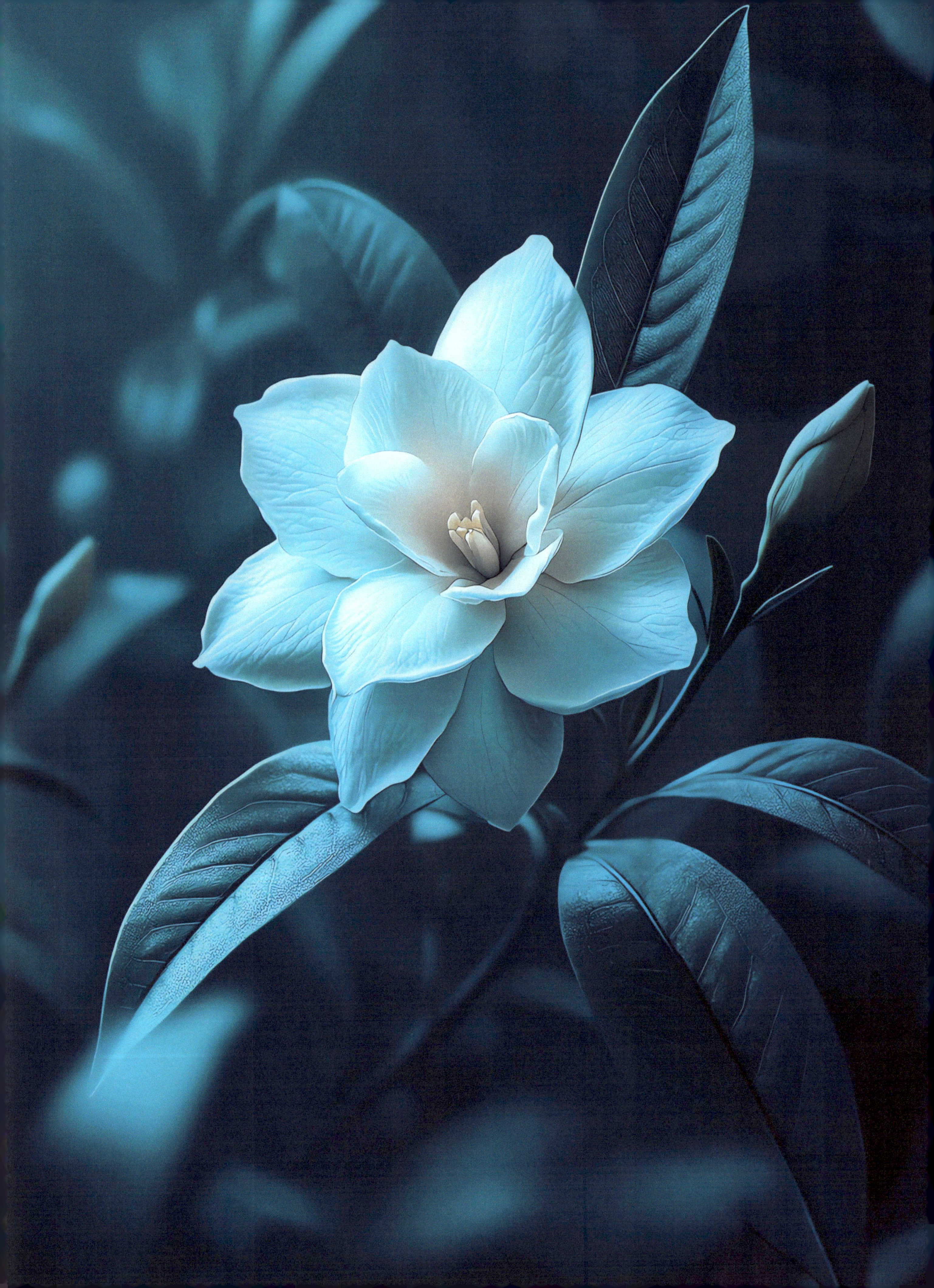

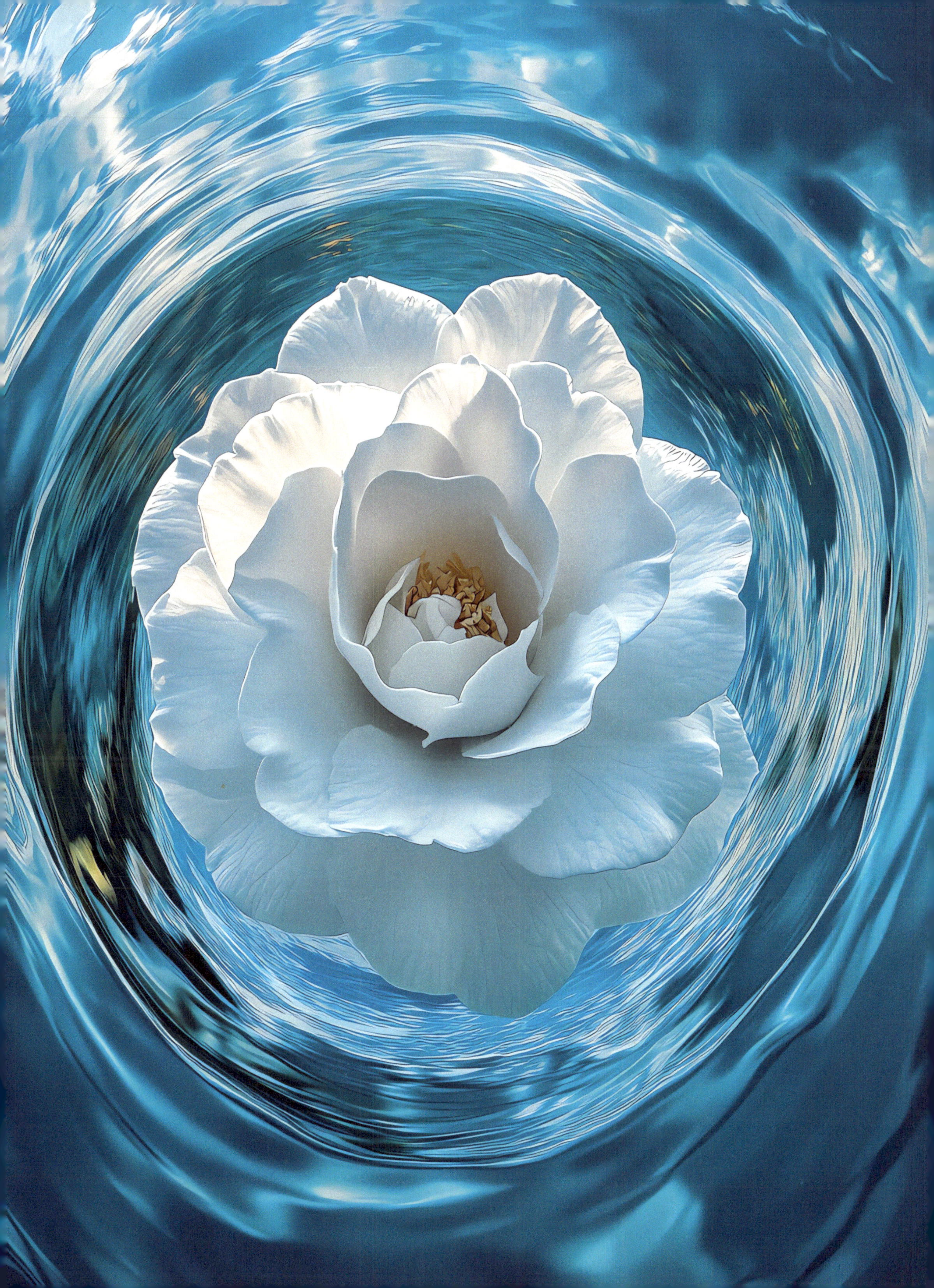

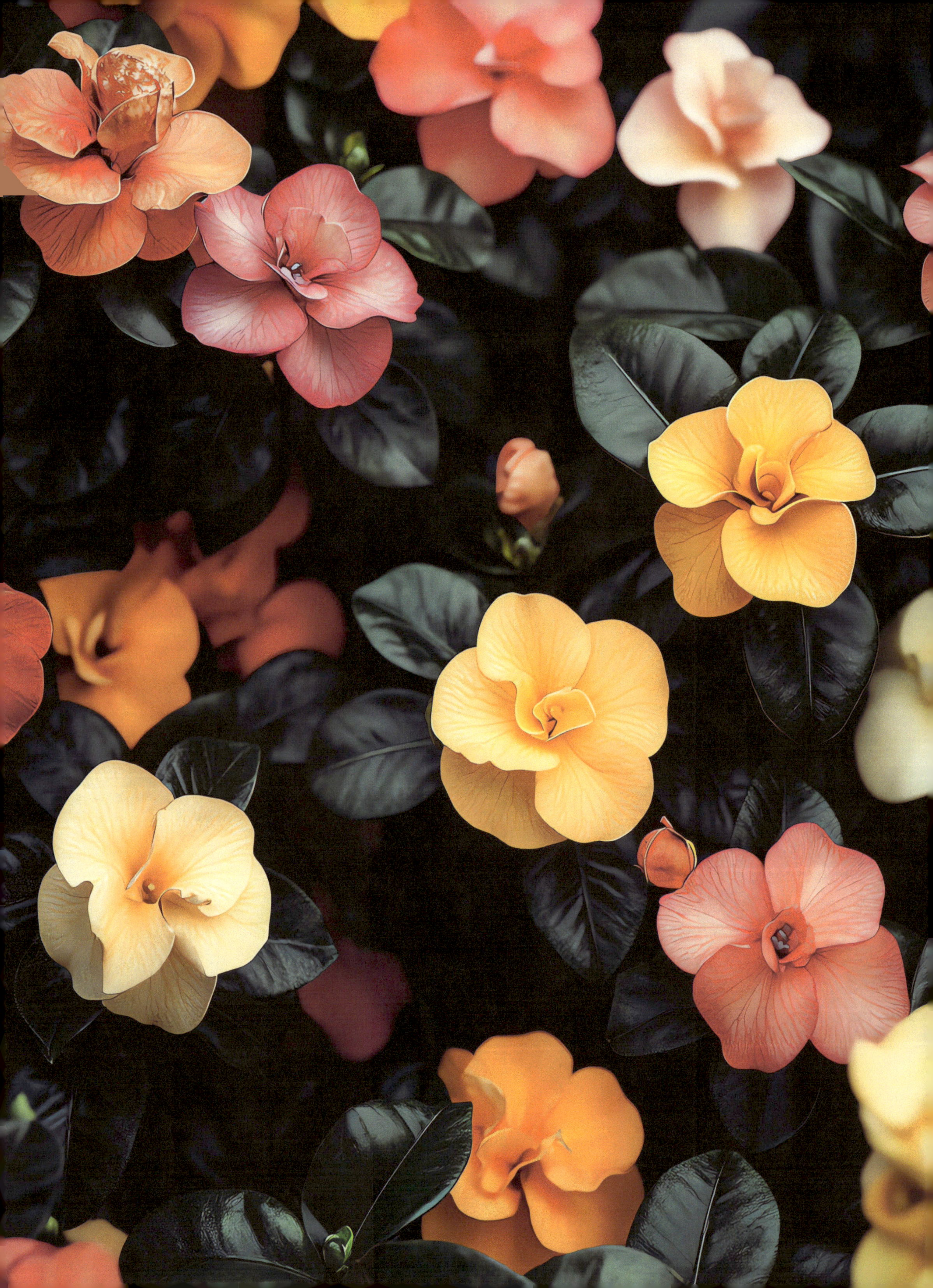

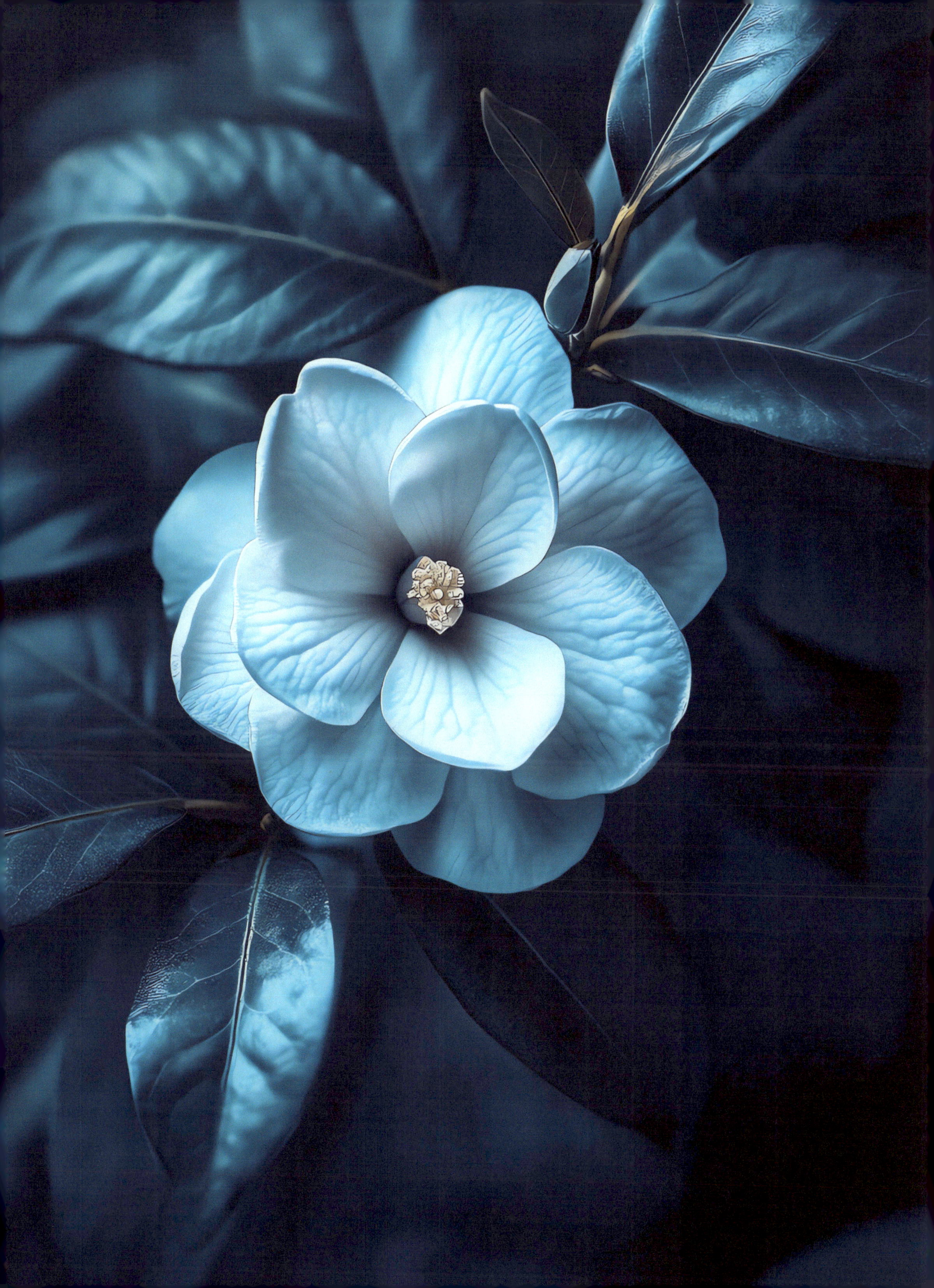

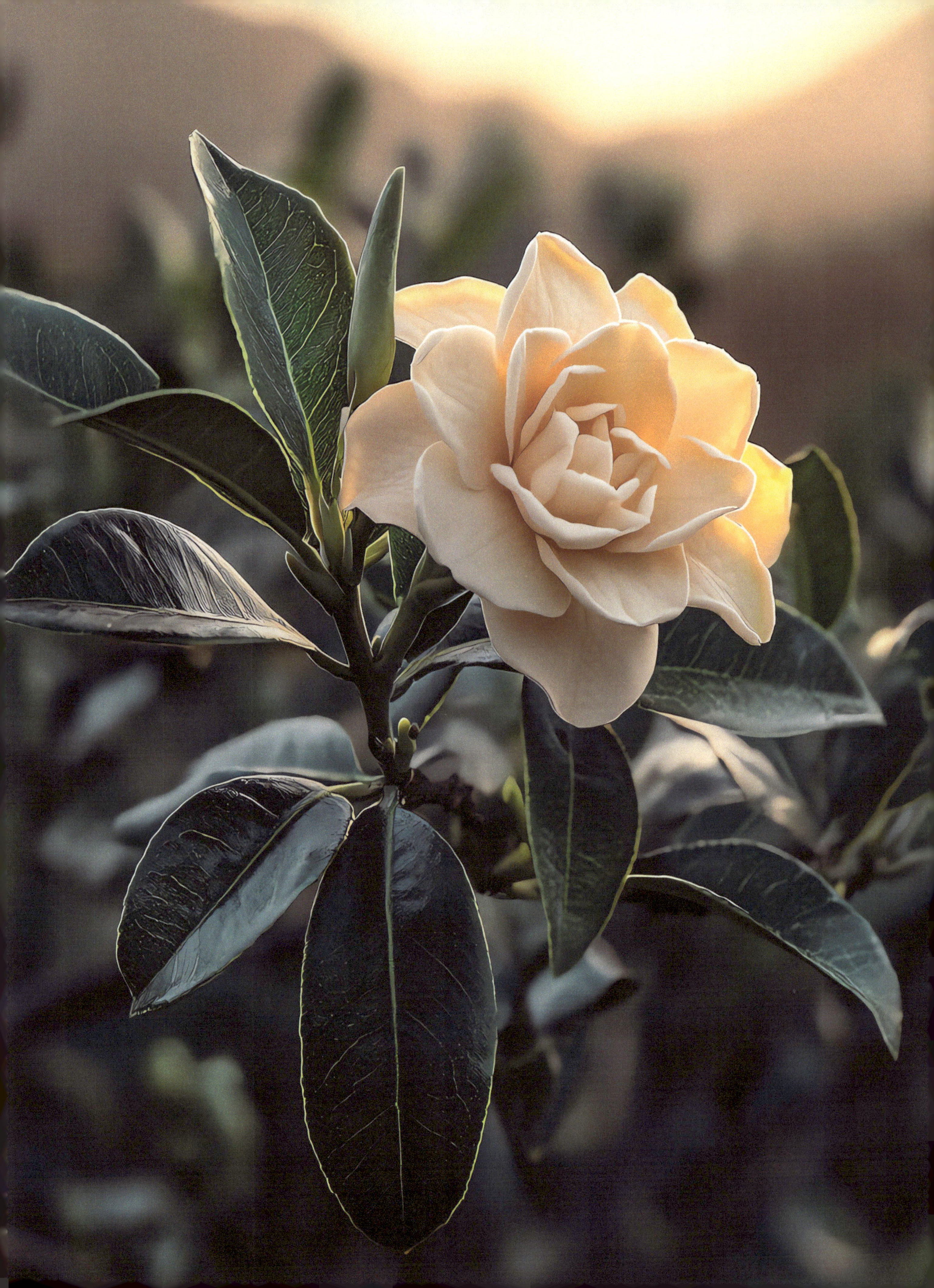

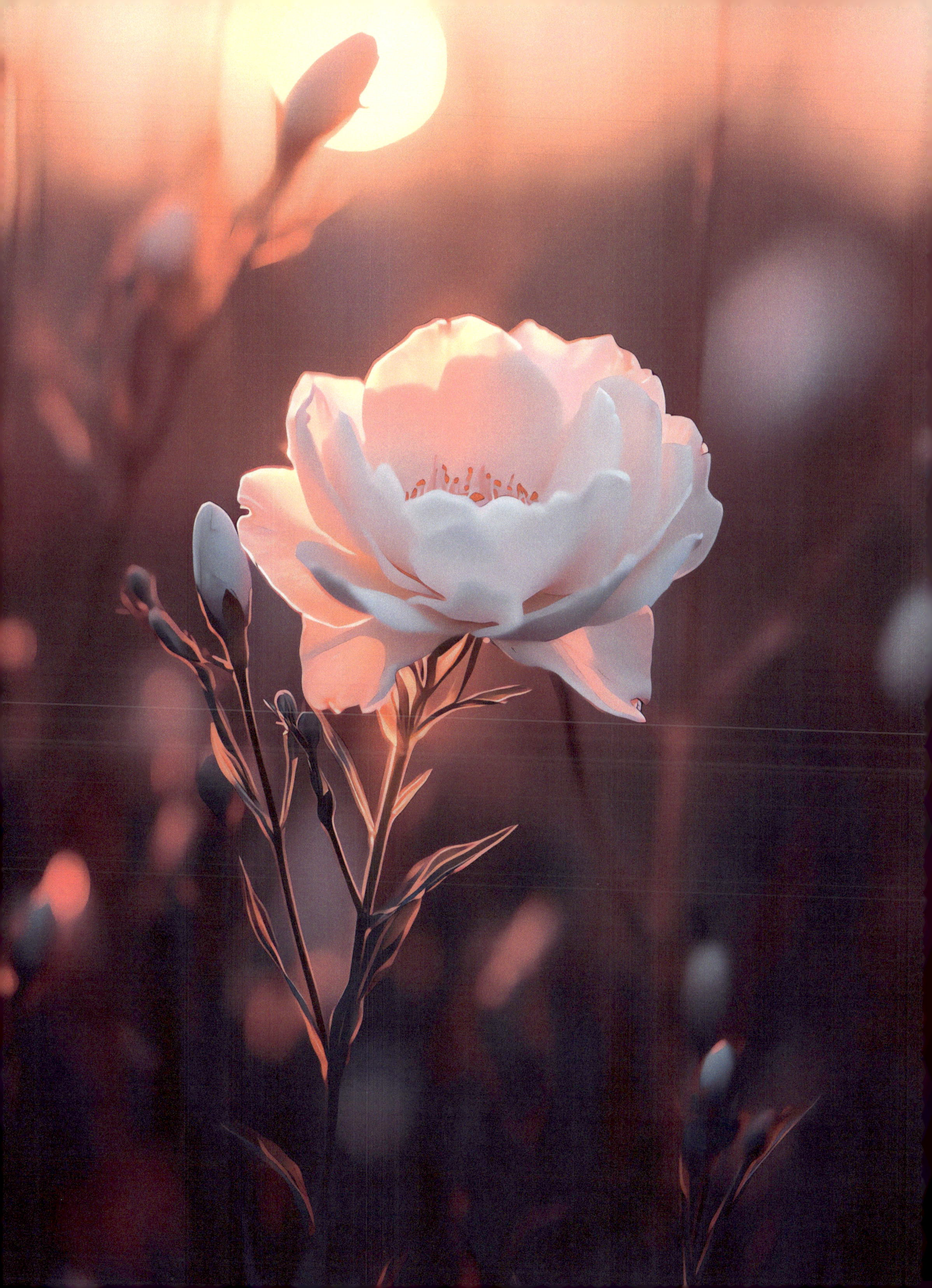

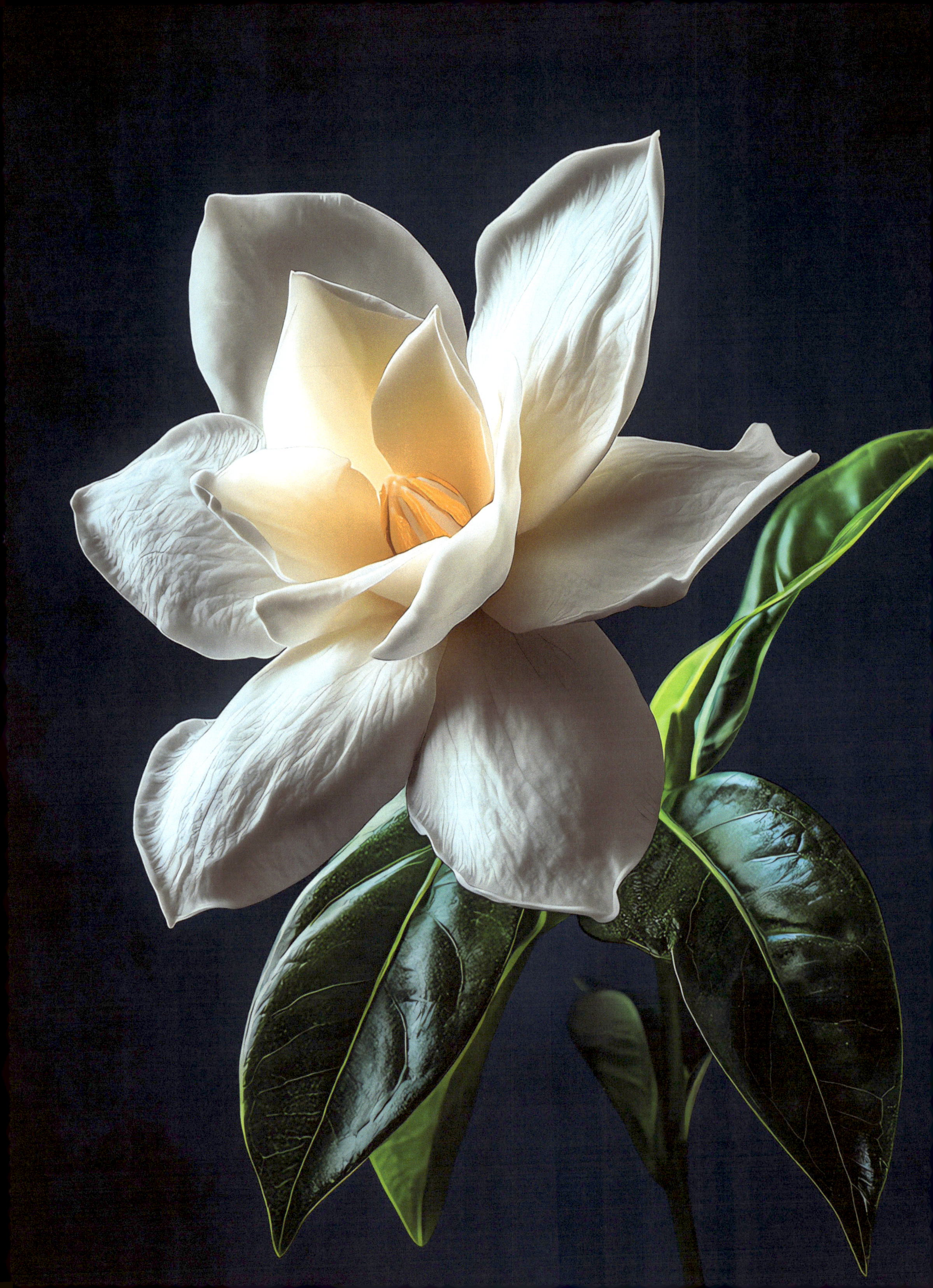

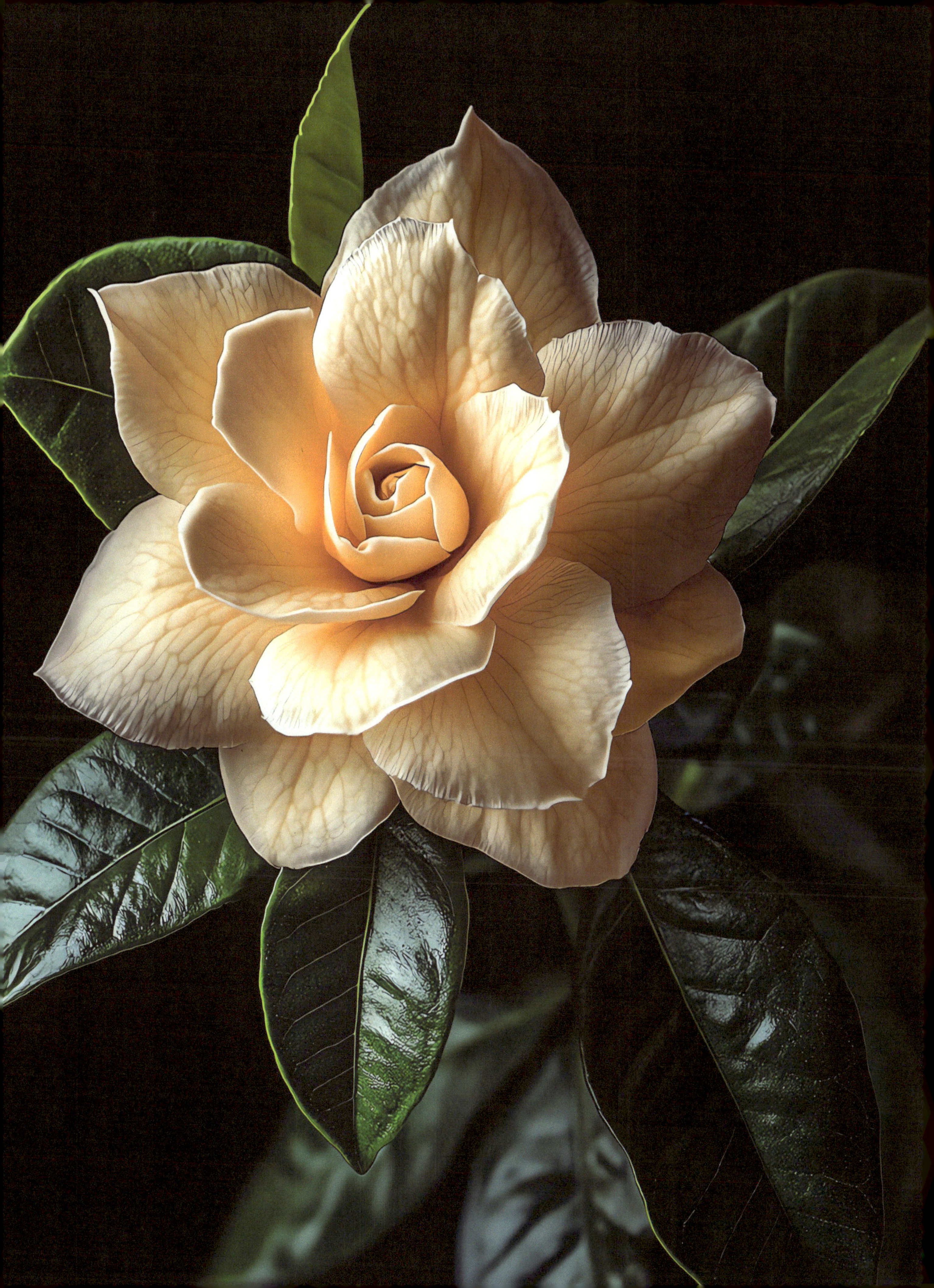

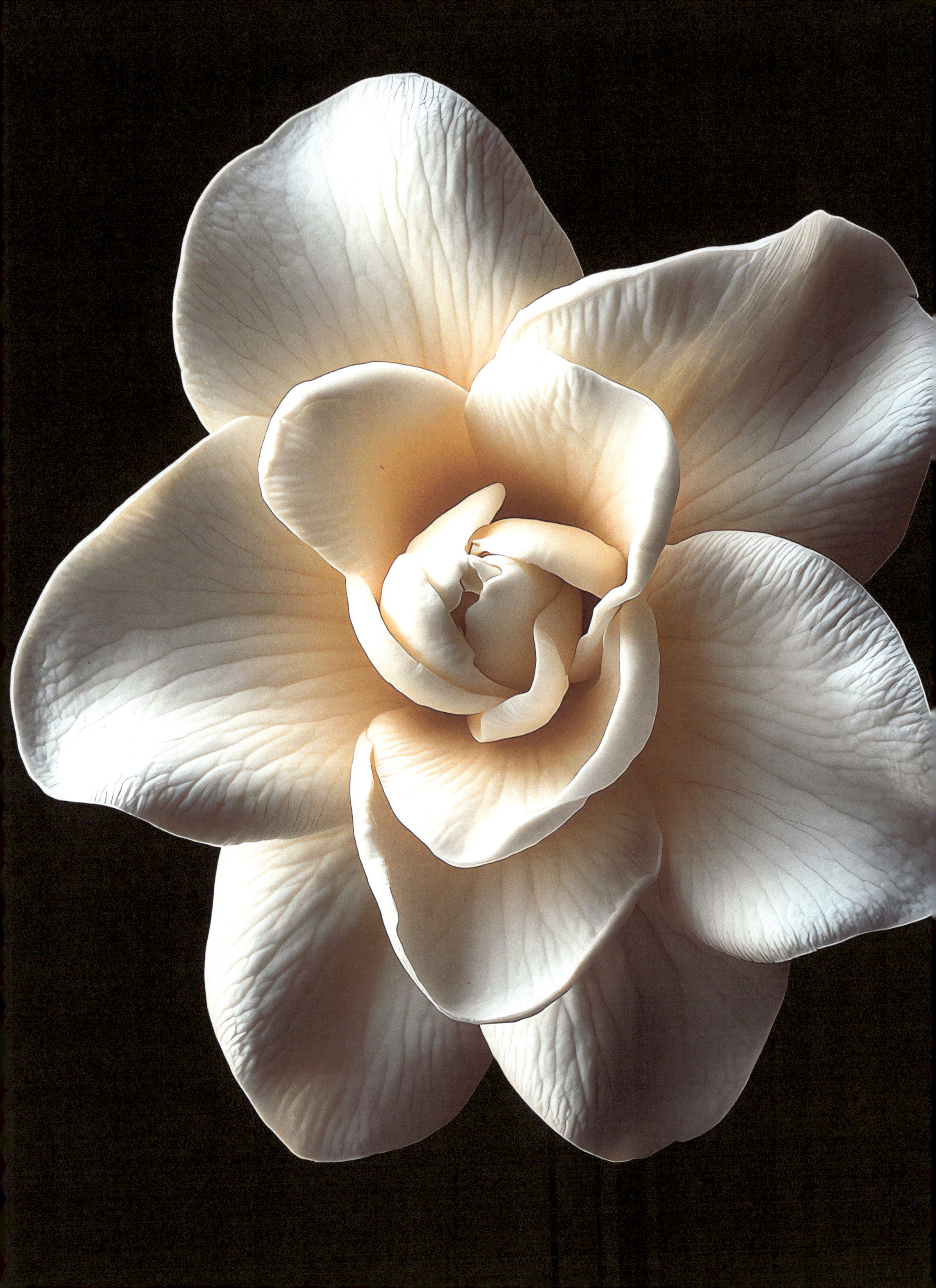

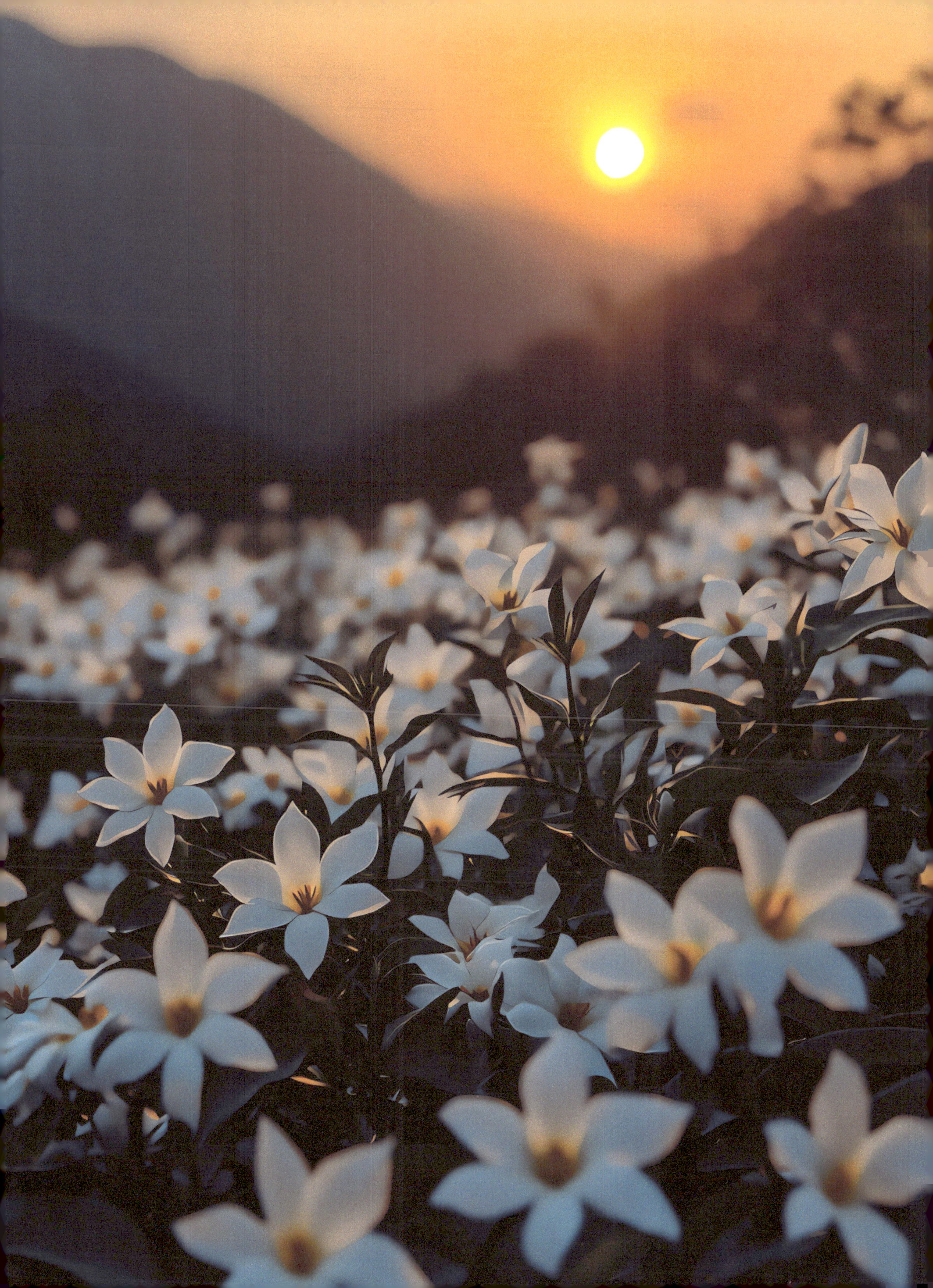

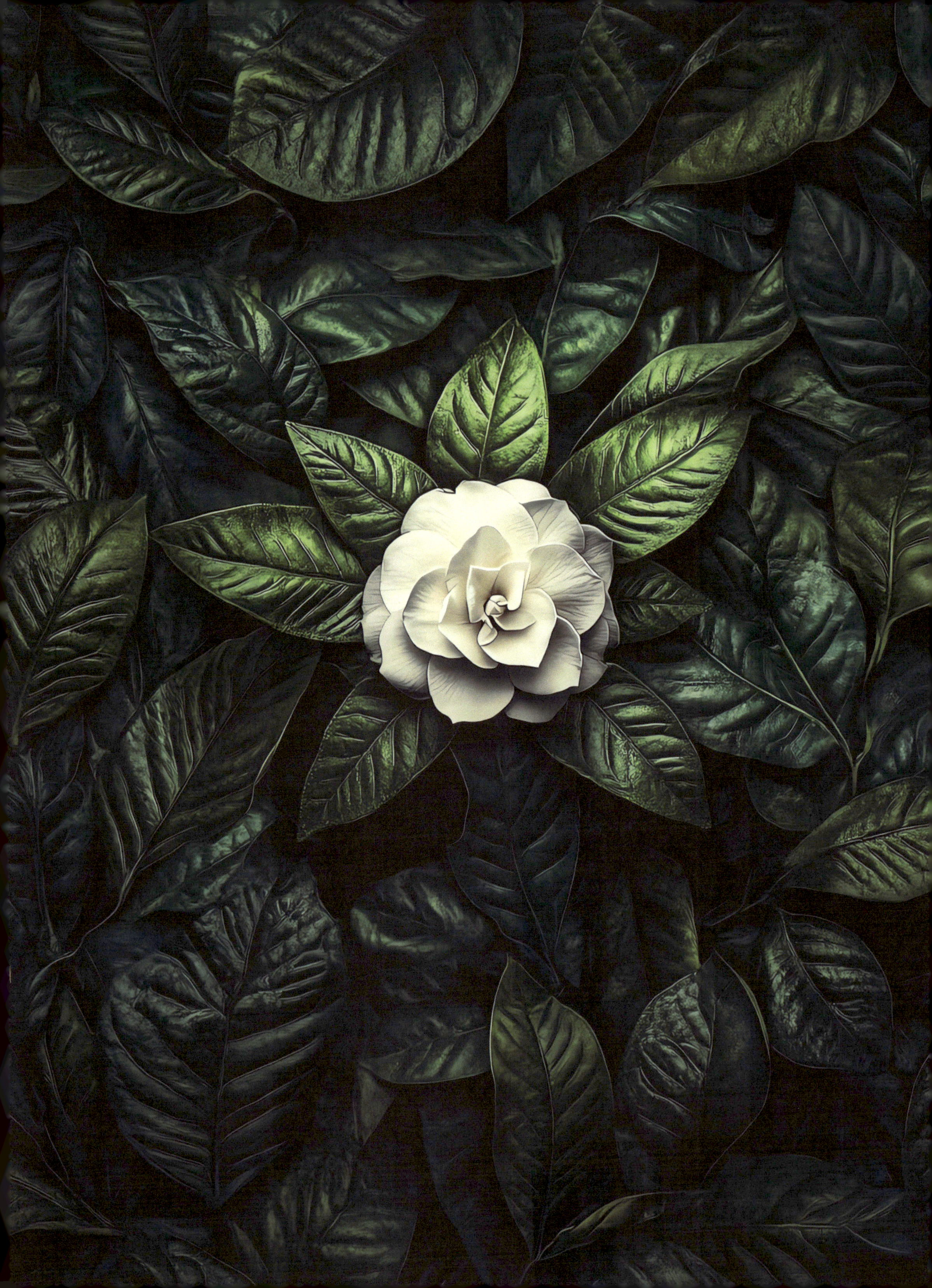